Colette Rosinet

Sur les pas de ma Vie

Regarde ta vie, écoute-la, elle te parle

Édition : BoD – Books on Demand,
12/14 rond-point des Champs-Élysées, 75008 Paris

Copyright 2021, Colette Rosinet

Dépôt légal : Septembre 2021

N° ISBN : 9782322394906

Impression : BoD - Books on Demand, Norderstedt, Allemagne

« Rappelle-toi d'où tu viens, et tu entendras l'hymne de ta vie. »

Sonia Lahsaini

Mes remerciements vont à la vie pour toutes les expériences qu'elle m'a proposé d'oser.

Mes remerciements vont à l'univers pour toutes les occasions de dépassement de soi dont il m'a comblée.

Mes remerciements vont aussi à tous ceux dont j'ai croisé le chemin, ceux qui m'ont permis de goûter à la souffrance, au rejet, au mépris : grâce à vous, j'ai eu accès au plus profond de moi -même et j'y ai découvert des trésors.

Mes remerciements vont enfin à tous ceux avec qui j'ai partagé de vrais instants d'amour : grâce à vous, j'ai eu envie de vivre, de me relever et d'avancer.

Sur les pas de ma vie

De moi à vous…

Un livre est un magnifique présent, il est plein de générosité, d'amour et de vibrations.

Un livre est un trésor, il regorge de messages que vous avez besoin d'entendre.

Un livre est un cadeau, il participe à votre découverte personnelle, une présence à vous.

Ce livre se choisit et se lit par l'auteur de son choix. Il ne se prête pas, il ne s'offre pas, il se vit dès le premier instant. Il est et doit rester la confidence que j'ai à vous faire, à vous et à vous seul car il n'y a que vous qui y comprendrez ce que vous avez besoin de comprendre.

Ce livre que je vous dédie

J'ai ressenti un immense plaisir à écrire ce livre qui m'appelait depuis tant d'années, ce roman initiatique : mon premier livre. Je l'ai écrit pour moi, je l'ai écrit pour vous. Puissiez-vous y trouver des clés vous permettant d'ouvrir la porte du sens de votre vie.

Je dédie ce livre à tous ceux qui sont en quête, qui se posent des questions sur la vie, qui ont le sentiment que quelque chose leur échappe...

J'offre un regard questionnant sur mon expérience de vie à tous ceux qui pensent qu'il y a quelque chose à comprendre et à changer dans leur vie.

J'apporte mon témoignage de vie pour qu'il serve, pour qu'il vous serve à oser le pas vers un demain plein de sens.

Je partage mon vécu pour que vous osiez vous regarder et trouver au plus profond de vous, la lumière qui vous guidera sur votre chemin, celui que vous avez à accomplir ici et maintenant.

Belle route à tous pour que notre monde se transforme en accueillant ce que vous êtes prêts à donner.

Invitation à un voyage initiatique

Beaucoup d'entre-nous traversent la vie sans vivre leur vie…

Beaucoup d'entre -nous vivent leur vie par procuration…

Beaucoup d'entre -nous passent leur vie à satisfaire celle des autres.

Trop souvent sommes – nous encore à vivre en courant, sans nous poser de questions sur notre vie et parfois, c'est au pied du mur, après une épreuve telle que la maladie, la séparation, le licenciement, l'accident, que l'évidence se fait jour et que la question du sens de sa vie prend tout son sens.

Cette quête de sens nous amène à nous poser des questions :

Pourquoi suis-je ici ?

Qu'ai-je à accomplir sur cette terre ?

Quel sens à la vie et quel est le sens de ma vie ?

Ces questions sont fondamentales car nous avons tous besoin de donner du sens à notre vie pour la vivre de manière harmonieuse et aussi pour aller de l'avant en nous réalisant.

Nous pouvons aisément comprendre que si nous n'avons pas de but, de motivation à faire, il y a une forte probabilité que nous ayons du mal à nous sentir heureux car le bonheur est une délicate combinaison entre le sens que nous attribuons à la vie, le plaisir qu'on y prend et l'engagement qu'on y met.

Quel serait en effet l'intérêt de se lever chaque matin ?

Quel serait l'intérêt de relever les challenges, d'avancer, de faire des choix….

Nous avons besoin pour une vie épanouie, de faire des choix de routes, d'objectifs, de projets et ces choix déterminants pour notre équilibre prennent leur source dans le sens que nous donnons à notre vie.

Nous avons le devoir de vivre en harmonie avec notre vraie nature.

Nous avons le devoir de devenir le meilleur de nous-mêmes en faisant le choix de ne pas emprunter les pas des autres.

Ce livre vous est proposé pour prendre conscience que la vie a du sens, que la vie est sens et que ce sens unique à chacun, est voué à trouver sa pleine et juste expression dans nos pensées, nos propos, nos actes quotidiens.

Ce livre est un SOS, un appel d'urgence afin que chacun se pose enfin la question du sens de sa vie.

Cette question est primordiale, elle est essentielle pour que la vie, notre vie, ne soit pas qu'un espace - temps vide de sens, entre un inspir (la naissance) et un expir (la mort).

Non, la vie n'est pas qu'une parenthèse, la vie est là pour donner vie à plus grand, pour servir notre évolution et l'évolution du monde, pour grandir et laisser grandir en chacun, ce qui est.

La vie est vie, elle est mouvements, elle est révélations, elle est changements, elle est réalisation de soi.

Ce livre est une trajectoire personnelle, ma trajectoire, mise au service de l'éveil des consciences de chacun.

Ce roman initiatique est une invitation au fil de votre histoire, à un voyage au plus profond de vous-même, pour questionner le sens de votre vie.

Je vous invite à vous laisser habiter par les mots, toucher par leurs sonorités, percuter par leurs sens afin qu'ils vous révèlent vos maux et éclairent votre pourquoi.

Je fais le vœu que vous en reveniez éveillé, transformé, curieux de vous retrouver et de vous réconcilier avec vous.

Belles découvertes de vous-même !

Sens de la vie, une question fondamentale

Comme un préalable à la lecture de ce témoignage de vie, il m'a semblé intéressant de poser quelques bases afin de faciliter votre compréhension. Ces éléments théoriques ci-dessous qui questionnent l'expression même de la vie, de notre vie, prennent leur source dans ma propre vision de la vie telle qu'elle m'a été donnée à voir. Elle est et reste le reflet de ma réalité, celle qui s'offre à moi à partir de ma propre expérience.

Le théâtre qu'est la vie

Dans notre société, dans ce monde où nous vivons, la vie nous incite à la performance et à la quête de pouvoir ; aller vite, faire bien, aller loin, réussir, plaire, être fort sont de puissants leviers de notre construction. Elle induit par là même une échelle de valeur et d'appréciation personnelle et collective. Elle nous emprisonne dans le regard des autres, source de potentiels jugements et critiques.

Dès notre naissance, nous avons compris qu'il était attendu de nous certains comportements.

Depuis notre naissance, nous avons acquis l'importance du respect des normes, des règles voulues par la société, par la religion, par la culture.

Depuis notre naissance, nous avons compris qu'il était normal que nous sachions faire et bien faire ceci ou cela à tel âge : écouter, parler, écrire, obéir.

Ces graines plantées dès la naissance, ces semences bien arrosées par notre éducation, les normes sociétales, nos croyances, nos valeurs n'ont eu de cesse de grandir et de nous construire.

Pris dans cette spirale infernale, nous agissons en fonction de ces projections sociétales, familiales, culturelles que nous identifions comme des attendus. En nous y conformant, nous nous éloignons progressivement de nous-mêmes et sommes pris dans un tourbillon dont il nous semble difficile de nous extraire pour une plus grande liberté d'être.

Et voilà que la vie, que notre vie devient un théâtre où nous jouons des rôles que nous pensons être attendus de nous. En effet, lorsque nous sommes en relation avec les autres, nous mettons des masques successifs pour paraître ce que nous pensons qu'il serait mieux que nous soyons : le gentil, le méchant, le perfectionniste, le fort, le généreux, le serviable, le bien élevé, le dur, l'arrogant… Cependant, ces masques ne sont pas nous, ils constituent de véritables artifices, des compromis et sont le reflet de ce que nous voulons présenter au monde.

Et voilà que la vie, que notre vie devient le théâtre où nous déroulons l'histoire de l'autre, où nous marchons sur les pas des autres et où nous oublions qui nous sommes parce que notre vie est peuplée de « il faut », de « je dois » toujours plus, toujours mieux, toujours plus grand ou plus beau...

Cette quête de perfection nous empêche de goûter à la merveilleuse saveur de nous-mêmes, elle nous empêche de nous trouver et de nous retrouver, elle nous prive du vrai sens de notre vie.

Alors, est-ce possible de trouver un sens à notre vie dans un monde qui trop souvent est sens dessus dessous ?

Le sens de la vie mis en mots

L'expression « sens de la vie » est associée à une interrogation sur l'origine, la nature et la finalité de la vie ou plus généralement de l'existence. La vie est perçue comme une trajectoire qui part de la naissance et s'achève avec la mort. Cette trajectoire est donc portée par une direction, elle-même sous tendue par le sens que nous lui conférons en lien avec notre sensibilité.

Lorsque nous sentons ou savons la direction où nous devons mener notre vie, nous sommes habités par un sentiment de bien-être et de stabilité. Il y a en nous, comme quelque chose qui se valide parce que cette direction est OK pour nous et rien que pour nous.

Nombreux sommes-nous à nous être déjà demandés, au moins une fois dans notre vie, pourquoi nous avons été créés ?

Cette question est fondamentale pour trouver une justification à notre existence et donner forme à cette dernière car nous avons besoin de certitudes pour vivre.

En effet, nous sommes animés du besoin de n'être pas indifférents à notre vie car l'indifférence attaque le « croire » et nous avons tous besoin de croire en quelque chose.

Pour interroger le sens de la vie, certains se tournent vers la religion quand d'autres prennent la voie de la spiritualité.

En la matière, il s'agit d'un cheminement personnel que personne ne peut faire à notre place. Ces deux voies ont une essence commune ; ce sont des pistes qui légitiment notre existence, des cadres de référence qui nourrissent nos croyances et nous sécurisent.

Au-delà des voies précédentes, le développement personnel prône l'idée que donner un sens à sa vie permet de vivre la vie avec sens.

Quoi de plus naturel et normal, que de questionner l'origine, la nature et la finalité de la vie.

Quoi de plus naturel que de se questionner sur ce que nous voulons pour notre vie, sur ce que nous sommes venus accomplir dans cette vie.

Cette mise en mots nécessite une pause, une rencontre avec soi dans une écoute bienveillante et profonde. Elle est une magnifique expérience de découverte, porteuse d'effets bénéfiques sur notre épanouissement car elle nous permet de trouver notre voie, celle qui fera sens pour nous.

Pour donner du sens à notre vie, il est donc essentiel de bien se connaître, de s'accueillir, de s'écouter et se respecter car le sens de notre vie est personnel.

Pour qu'il soit vrai, authentique, le sens que nous donnons à notre vie se sert du cœur, pas de la tête. Il se sert de notre intériorité pas de l'attendu des autres.

La vie sans sens

Lorsque nous n'avons pas de direction, lorsque notre vie n'a pas de sens, nous avons l'impression qu'elle part dans tous les sens, qu'elle est instable et nous sommes bien souvent habités par des doutes, des craintes, des malaises, de l'insécurité, signes précurseurs d'un profond mal être.

Lorsque notre vie manque de sens, nous pouvons être alertés par quelques signes révélateurs qui s'imposent à nous.

Il peut s'agir d'un manque d'élan, de désir dans l'exercice de nos activités, du sentiment de n'être pas à la bonne place car souvent en décalage avec les autres, d'un manque d'intérêt pour les choses, les actions, la vie, l'activité professionnelle.

Le manque de sens peut aussi s'exprimer par des insatisfactions régulières, l'absence de fluidité, de légèreté dans les actions entreprises, un manque de joie lors de la conception et la réalisation d'un projet de vie.

Enfin, le manque de sens de notre vie peut se présenter à nous sous la forme d'un questionnement récurrent : qu'est-ce que je fais ici ? Pourquoi suis-je sur terre ?

La nécessaire quête de sens

Nous pouvons parcourir la vie terrestre sans nous poser de question, sans d'aucune manière prendre en considération la nature de ce qui s'y exprime.

Nous pouvons parcourir la vie en pensant que tout est hasard ou que tout est écrit, entre le déni et l'acceptation totale, comme une fatalité.

Nous pouvons parcourir notre vie dans une grande indifférence de ce qui s'y joue, sans reconnaître l'immense valeur de ce cadeau qui nous est donné, sans être présent à sa vie.

Nous pouvons aussi parcourir notre vie avec curiosité, avec appétit, avec le désir d'y découvrir du sens, un sens qui redonne le goût de vivre. Cette manière d'être à la vie nous dit que tout est possible à qui sait regarder au plus profond de lui, à qui sait voir dans ce qui est, les messages de l'univers. Car, la vie est un beau voyage qui nous donne de nous découvrir et nous exprimer dans le respect de notre liberté à être.

Aucune rencontre n'est vaine, tout est sens, tout est signe de l'univers pour nous guider, tel un phare dans la nuit. Toutes ces rencontres nous parlent, qu'elles soient littéraires, personnelles, professionnelles, intimes ou lointaines, heureuses ou porteuses de souffrances. Elles nous racontent quelque chose de nous-mêmes, quelque chose à vivre pour nous découvrir et avancer pas à pas vers une nouvelle version de nous-mêmes, un nous-mêmes qui s'éveille et se révèle dans la pleine expression de son être.

C'est en étant en quête jour après jour, du sens de notre vie, que nous pourrons percevoir avec lucidité, sur la route déjà empruntée, les traces laissées par nos pas. Nous y puiserons avec justesse le pourquoi et le comment de notre vie.

C'est en nous trouvant et en nous réalisant que nous pourrons, au crépuscule de notre vie, avoir le sentiment d'une vie accomplie parce que pleine de sens.

La mission de vie comme possible sens à la vie

Si nous croyons que la vie a du sens, nous sommes habités par l'idée que nous sommes tous venus au monde pour accomplir quelque chose, quelque chose de l'ordre de notre mission de vie. Cette mission de vie nous est propre, elle est unique et il nous appartient personnellement de la mener à bien.

Cette mission de vie nous permet de poser des actes et de grandir. C'est elle qui est le fondement même du sens que nous donnons à notre vie.

Notre mission de vie est notre contribution à la terre grâce à tous ceux que nous sommes amenés à rencontrer et tout ce que nous sommes appelés à accomplir.

Il n'y a pas de hasard, il n'y a que des rendez-vous qui sont mis sur notre chemin de vie pour servir notre évolution personnelle et celle du monde.

Avez-vous remarqué combien la vie place sur notre route d'incroyables coïncidences pour nous éveiller à certaines de nos potentialités et nous inciter à faire le choix du chemin qui est le nôtre. Tant que nous n'avons pas trouvé notre voie, l'univers se chargera de faciliter les rencontres, les expériences qui nous guideront vers notre but et donc vers le sens de notre vie.

Soyons donc à l'écoute de ces signes, laissons-nous toucher par eux, avançons pas à pas et sereinement vers l'accomplissement de notre mission de vie et de nous-mêmes.

Première prise de conscience

- La vie nous a été donnée, pour que nous puissions la vivre avec sens. Ce sens prend toute sa dimension lorsqu'il fait sens pour nous, lorsqu'il est en plein accord avec notre mission de vie.

  Nous avons toujours le choix ; celui de vivre sur les pas des autres ou celui de questionner nos propres pas -

Chemin vers soi ; notes personnelles

Retour à mes racines

Le don magnifique qu'est l'âme

De plus en plus, avec l'évolution de notre culture spirituelle, nous sommes conscients qu'au-delà de notre corps matériel, il existe d'autres dimensions qui permettent que la question de l'âme se pose. Qu'est-ce que l'âme, à quoi sert -elle ?

Différentes approches qu'elles soient religieuses, philosophiques, psychologiques ou populaires nous renseignent sur l'âme.

L'âme donne vie à notre corps matériel, elle est la force vitale qui l'habite. Elle est immortelle et divine à l'image du créateur et en cela, elle est la présence de DIEU en nous. L'âme détient la connaissance absolue et la sagesse, l'énergie qui maintient le corps en vie.

A la naissance, en intégrant le corps, l'âme débute son voyage de réalisation de soi. Elle vient à ce monde vivre son expérience terrestre, avec ses blessures et avec ses expériences précédentes. Lise Bourbeau nous révèle que l'âme est porteuse de cinq blessures : le rejet, l'abandon, l'injustice, la trahison, l'humiliation, blessures qu'elle vient expérimenter sur terre pour grandir, se transformer et avoir part à l'œuvre divine de Dieu.

A la naissance, elle incorpore également en nous le pourquoi de l'existence de notre vie.

Tout au long de notre parcours, l'âme devient une partie importante de notre voyage spirituel quand nous décidons d'être sur notre chemin de vie, celui de notre devenir. Le corps qu'elle habite exprime la vision et l'émotion qui est sienne.

L'âme est donc une dimension invisible faite d'émotions et de pensées. Elle peut être attirée soit par le monde de la matière (vers le bas) c'est-à-dire l'égo, le mental, les influences diverses et dans ce cas ignorer sa nature profonde ou elle peut être attirée par le monde de l'esprit (vers le haut) en se détachant de l'égo, du mental, du passé et du futur et en cherchant à se connaître et à se réaliser.

L'âme est libre, fondamentalement libre et dans son immatérialité, elle ne peut être vouée à mourir. On la dit donc éternelle. Elle n'a pas d'âge, pas de frontière, pas de race, pas de sexe. Elle est, tout simplement, et son incarnation lui permet de vivre des expériences, véritables empreintes indélébiles qui la suivent dans tous ses voyages.

Notre âme, de ses différentes vies terrestres garde en mémoire des expériences, des sensations qu'elle ne perd pas en se réincarnant. C'est la raison pour laquelle il nous est donné de rencontrer sur notre route, des personnes dotées d'une grande sagesse ou philosophie de vie, fruit des différentes expériences de vie passées.

Notre âme en décidant de s'incarner accepte une mission ; sa mission de vie. Elle fait le choix de l'arbre généalogique et de la famille dans laquelle elle mettra en œuvre sa mission, y trouvant ainsi les ingrédients nécessaires à celle-ci.

Nous avons donc tous reçu dès notre conception, ce don magnifique qu'est l'âme qui donne vie à ce corps, qui donne sens à la vie car elle détient les vérités, celles du pourquoi de l'existence de notre vie.

Le désir de mon âme

Il est des signes qui semblent dire que personne ne m'attendait…

Je suis la preuve vivante d'un acte qui, lorsqu'il a été posé était dénué d'amour, de tendresse et de désir pour cette vie naissante.

Je suis le fruit de deux êtres meurtris par la vie et pour qui la vie n'avait que peu de sens.

Je me suis incarnée sans projet réel de mon père et de ma mère.

Je suis née fille alors que ma mère ne souhaitait rien et attendait un garçon.

Je suis née fille, sans autre distinction identitaire puisque ma mère ne m'avait pas préparé de prénom. Je suis arrivée au monde un 30 septembre (Saint Jérôme), non accueillie par ma mère, reconnue par une personne dévouée de l'hôpital et je me prénomme Colette Jérôme (je suis fille et je suis garçon).

Après tout cela, vous comprendrez donc que si je suis aujourd'hui à vous témoigner, c'est que je suis une âme désireuse de vivre, de relever des challenges dont le premier a été d'Etre et d'Exister. Il s'agit bien ici, d'être et d'exister dans un environnement vide de signes de bienveillance, d'accueil, d'affection et donc perçu par mon âme comme insécure.

Dès lors où mon âme a accepté de naître dans cet environnement, elle a intégré qu'elle aurait à lutter, elle a aussi accepté de vivre avec le rejet et l'injustice, blessures qu'elle était venue travailler. Elle savait que durant sa vie terrestre, elle serait dans l'incompréhension de ce monde, dans l'incompréhension du fonctionnement humain et habitée par le désir récurrent de partir. Et ce fût le cas.

Il est important de prendre conscience que la vie est un espace- temps où l'âme fait le choix de son enveloppe corporelle pour vivre des expériences - ses expériences - et grandir pour servir d'autres missions et d'autres causes.

En posant un regard sur les pas de ma vie, je fais le constat que j'ai relevé le challenge d'être et d'exister en oubliant bien souvent le magnifique don que j'ai reçu en incarnant ce corps ; mon âme.

Je suis venue à ce monde accomplir une mission et donner sens à ma vie, cependant j'ai davantage fait des choix qui servaient mon existence corporelle.

Je suis venue à ce monde remplir une mission, cependant ma quête s'est longtemps portée sur des désirs rationnels au service de mes pensées.

Je suis donc venue au monde accomplir une mission que j'ai oubliée, trop occupée à chercher comme bon nombre d'entre nous, l'amour et la reconnaissance, trop avide de toutes marques d'appartenance et d'affection.

Pourtant tout au long de mon histoire de vie, des évènements, des personnes sont venues frapper à la porte de ma conscience pour me dire qu'il était nécessaire de revenir à l'essentiel, qu'il était urgent de retrouver mon chemin, celui qui mène à mon épanouissement.

J'ai à maintes reprises entendu, été interpellée, tenté différents chemins, cependant je n'ai pas réussi à garder le cap, celui qui m'amenait là où j'étais attendue et qui donnerait sens à ma vie.

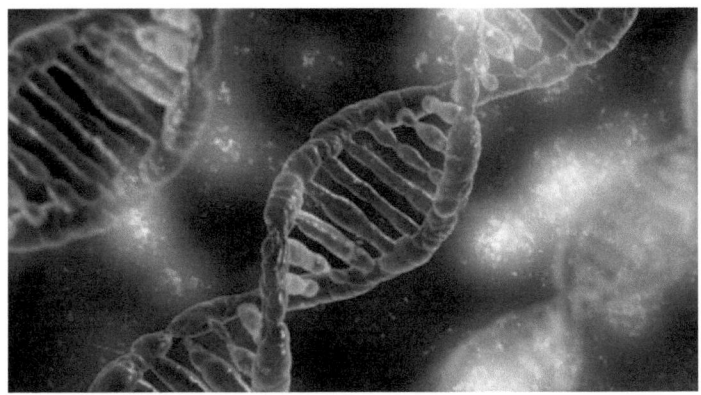

Deuxième prise de conscience

- Je m'incarne dans ce corps, dans cette famille, dans cet arbre généalogique, avec les blessures que j'ai choisi de travailler et la mission de vie que j'ai décidé de mettre au service de ce monde et je me suis laissée dépasser par les choses de ce monde ; j'ai oublié mon ADN, mon identité première. -

Chemin vers soi ; notes personnelles

L'identité oubliée

Avant dernière d'une famille de sept enfants, je n'ai pas côtoyé le sentiment d'être unique et importante.

J'ai vécu dans un cercle familial où les préoccupations étaient autres, les besoins à entendre étaient primaires : avoir un toit, travailler, s'habiller, manger et dormir.

Mon environnement familial a permis que se développent la méfiance, la protection, la crainte de l'autre et du manque, l'esprit de la défensive.

Dans nos familles, dans notre culture, les enfants étaient davantage une charge que des êtres à accompagner dans le développement de leur potentiel.

Je n'ai pas manqué de grand-chose sinon d'une chose importante : la certitude sécurisante de l'Amour des autres. On ne se disait pas, on n'exposait pas ses émotions de crainte de s'exposer. Je me suis donc construite sur le postulat que mes proches m'aimaient et je m'en suis contentée. Mais, comment faire autrement dans cet environnement culturel où l'expression de ses besoins, de ses désirs, de ses émotions n'était pas autorisée de manière libre.

Enfant, ce besoin d'être aimée, d'être aimée malgré le non-désir de mes parents, malgré la déception de ma mère que je sois pas une fille, a été très certainement à l'origine de la décision inconsciente prise, de vivre et de tout faire pour me faire aimer. Je comprends aujourd'hui que j'ai fait le choix d'exister en posant le moins de problèmes possibles à mes parents, en étant une personne mi-fille, mi-garçon, parfaite, forte, et autant que faire se peut transparente pour ne pas attirer l'attention sur ma présence.

C'est ainsi que dans le droit fil de ma précédente décision, j'ai longtemps été dans un schéma : « sois parfaite, sois forte et sois transparente », mes masques pour être au monde.

Être parfaite pour être acceptée, reconnue, trouver ma place en devenant indispensable, moi qui n'étais pas attendue.

Être forte pour être incontournable, sortir de l'ombre, cependant à quel prix sinon en étant très présente pour l'autre dans le refoulement de mes émotions, de mes désirs, de mes besoins.

Etre transparente afin de ne pas gêner, ne pas briller, ne pas me faire trop remarquer et risquer le rejet.

J'ai donc été une petite fille sensible, qui épiait tout, qui réfléchissait beaucoup et qui s'évadait dans ses jeux de mi-fille, mi-garçon ; grimper aux poteaux, jouer aux billes, à la marelle, à la dînette…

Aujourd'hui, en regardant ce qu'a été mon enfance, j'ai l'impression d'être née grande, de n'avoir pas eu d'enfance insouciante, détachée des problèmes des adultes. Je ressentais la tristesse et l'impuissance de ma mère, la douceur et le désir de justice de mon père et surtout je me sentais seule entourée de tous, regardant avec une certaine distance les tableaux familiaux que m'offrait notre vie, cherchant parfois l'affection de ma mère, heureuse d'être malade pour qu'elle me regarde.

Déjà enfant, je ressentais la nature des regards portés sur nous, la mise à l'écart de la famille du fait de la maladie de mon père, le mépris de certains, l'indulgence des uns, la pitié des autres. Je ressentais le manque d'authenticité dans les relations, j'étais grande avant d'avoir été enfant.

J'ai très tôt fait de mon père un allié ou peut-être est-ce lui qui a fait de moi son porte-parole, sa représentante !

Il était par son regard, son sourire, ses gestes un refuge pour moi car je me sentais reconnue et protégée. Symboliquement j'ai été enfant, engagée avec mon père dans une relation basée sur une très grande confiance, une confiance qui se mérite, une confiance qu'on ne doit trahir, une confiance qui vous tient. J'ai été investie par lui d'une mission qui n'était pas mienne : celle de faire le lien avec les autres y compris entre ma mère et lui. Je pense qu'enfant ayant le désir de reconnaissance et de place, j'ai accepté cette mission qui m'honorait. De fait, j'avais trouvé une place qui me légitimait mais mon âme ne se retrouvait pas car je n'étais pas à ma place mais à celle d'une autre.

Adolescente, j'avais le désir de réussir dans ce que j'entreprenais et le regard de l'autre prit à mes yeux une importance toute autre. Je détestais les injustices et étais sensible à la défense des plus petits.

J'étais animée par le désir de prendre les choses en mains, une tendance au contrôle, à l'exigence vis-à-vis de moi et des autres, à l'impatience, l'insatisfaction et avec tout cela, la crainte de n'être pas à la hauteur.

J'ai ainsi grandi en cherchant à être parfaite, forte, soutenant les uns et les autres, apportant mon concours à tous.

J'ai grandi avec la conscience et la gêne du regard de l'autre, avec la conscience de son impact et avec la crainte de ses effets.

J'ai grandi chez l'autre et pas chez moi, j'ai grandi sur les pas de l'autre en oubliant les miens. J'ai grandi en m'oubliant et en oubliant ce pour quoi j'étais là : ma mission de vie. Afin d'être au monde et d'avoir le sentiment d'être et d'exister, j'ai oublié d'être et d'exister dans le respect de moi-même.

L'insécurité qui était la mienne à cette époque et ma décision d'être transparente pour ne pas gêner - moi qui n'étais pas attendue - ont contribué à faire naître en moi un sentiment de peur ; peur de parler de moi, de faire de l'ombre, de n'être pas crédible.

Ces matériaux de construction font partie de mes fondations, les regarder avec courage et bienveillance me font aujourd'hui en être fiers car ils sont mes racines et ont contribué à faire de moi ce que je suis aujourd'hui.

Troisième prise de conscience

- Enfant, dans ma grande perméabilité j'ai posé un regard inquisiteur sur mon milieu de vie, j'ai regardé le monde à travers mes besoins et mes émotions et j'ai fait des choix, j'ai pris des décisions qui ont impacté ma vie entière. La perception que j'ai eue de mes fondations, de mes racines a donné une orientation première à ma vie et a permis qu'un premier chemin soit tracé. -

Chemin vers soi ; notes personnelles

Les cris de ma vie

Au cours de mon existence, j'ai longtemps flirté avec la vie et l'espoir qui l'accompagne, j'ai flirté aussi avec l'envie de la mort et la peur qui l'accompagne.

En toute lucidité et sincérité, lorsque je regarde ce qu'a pu être durant une longue période ma vie, j'y vois un terrain de jeu où se jouait une partie à laquelle je ne m'étais pas conviée.

Je regardais passer ma vie comme la spectatrice d'un dénouement qui ne me concernait pas, qui ne m'interpellait pas.

Je ne comprenais pas son but et les différents traitements qu'elle infligeait aux uns et aux autres.

J'étais habitée par des questions bouleversantes sur la vie, bien souvent restées sans réponse :

Quel est le sens de tout ça ?

A quoi aura servi ma vie quand je ne serai plus là ?

Ma vie a longtemps été une pièce de théâtre où j'ai eu du mal à trouver place. Je n'avais pas compris qu'il me fallait l'occuper.

Ma vie a longtemps été un espace où l'actrice principale côtoyait tristesse, culpabilité, incompréhension de ce qui est et sentiment de manque. Une sensation que je ne comprenais pas car par ailleurs, j'avais presque tout pour être bien. Je n'avais pas compris qu'il me manquait l'essentiel ; il me manquait du sens.

Ma vie m'a souvent laissé un sentiment de vide. Je n'avais pas compris qu'il s'agissait d'un vide existentiel.

Ma vie a souvent été une alternance de désir de partir et d'envie de rester, de fermer la porte ou d'en ouvrir une autre. Je n'avais pas compris que la vie était une succession de portes qui s'ouvrent vers un autre possible.

Ma vie a été enfin une succession de rejets, de ruptures et de mépris. Je n'avais pas compris que la vie m'était donnée pour travailler mes blessures.

Et puis, doucement, j'ai compris que j'avais à me remplir de Moi M'Aime pour être moi-même, me faire confiance et avancer pour choisir mes pas, construire mon parcours de vie.

Et puis doucement, d'expérience en expérience, de prise de conscience en prise de conscience, j'en suis arrivée à retrouver les pas de ma vie et à déceler les prémices d'un sens à tout cela.

Quatrième prise de conscience

- Les émotions désagréables, les incompréhensions récurrentes, le désir de mettre un terme à cette escapade terrestre sont quelque uns des signes offerts par la vie, comme des cris pour m'interpeller et m'inciter à reprendre le chemin que j'avais cessé d'emprunter. L'écho de ces cris, ne serait-ce pas une musique m'invitant à quelques pas de danse, des pas sur les pas de ma vie ? -

Chemin vers soi ; notes personnelles

Voyage en moi

L'école de la vie au service de mon évolution

J'ai pour habitude de dire qu'il y a l'école et l'Ecole de la Vie, celle qui vous construit jour après jour, celle qui se donne à voir dans la relation à soi, dans la relation aux autres et aux situations. Cette Ecole de la Vie est le miroir qui nous permet de nous voir en profondeur, d'avoir accès à la voix du cœur, à la voix de l'âme.

Cette Ecole de la Vie va au- delà des connaissances, des diplômes. Elle est le fruit de nos expériences de vie et c'est d'elle que naît notre profil, c'est d'elle que naît ce qui se dégage de nous.

Je retiendrai dans le cadre de ce témoignage, deux axes qui ont particulièrement impacté mon profil : mon chemin professionnel et mon chemin intuitif.

Mon cheminement professionnel

Lorsque je parle de mon expérience professionnelle, je la présente comme atypique, de par les orientations qui s'en dégagent.

Fondamentalement indépendante au plus profond de mon être, je suis très attachée à mon besoin de liberté ; liberté à être et liberté d'être.

Ainsi, dès que je ressens une contrainte quelle qu'elle soit, j'ai tendance à m'en éloigner, à mettre une distance suffisante comme pour m'oxygéner.

 Par ailleurs, je vis tout changement comme une opportunité d'aller à la découverte d'un autre environnement et d'une autre partie de moi.

Je n'ai jamais été habitée par le désir de faire carrière et j'ai toujours considéré qu'une activité était un tremplin pour accéder à autre chose.

Ma vie professionnelle est l'exemple même de défis relevés. Chacune de mes expériences a été vécue comme un levier pour aller de l'avant, pour aller toujours plus loin dans mon évolution personnelle et spirituelle.

Après des études dans le domaine de l'accompagnement social, je me suis orientée vers une spécialisation dans l'ingénierie de formation et des compétences, puis dans l'accompagnement thérapeutique. Cependant, au-delà de ces formations, ce sont les missions menées qui sont productives de sens pour moi. Le trait d'union entre toutes a été l'Etre Humain.

Etape après étape, ces expériences ont été de magnifiques occasions pour découvrir l'Homme comme on découvre un diamant brut aux multiples facettes.

J'ai dévoré avec mes yeux, avec mon cœur, avec mon âme. J'ai pénétré des situations de vie, j'ai observé des masques qui cachent des blessures, j'ai découvert l'authenticité humaine, j'ai perçu la beauté humaine et c'était bouleversant.

Tout au long de mon parcours professionnel, j'ai eu l'opportunité d'intervenir sur des missions sociales auprès de femmes détenues du Centre Pénitentiaire de Fleuris Mérogis, de structures de réinsertion de femmes sortant de prison et d'insertion de migrants, auprès des populations défavorisées des quartiers Vieux Pont et Bas Mission de Martinique, auprès de personnes en difficulté d'insertion sociale et professionnelle. J'ai été en contact avec la pauvreté psychologique, spirituelle et financière, les blessures de rejet, d'abandon, l'absence de foi en soi et en l'avenir, la fermeture du cœur, la culpabilité, la peur, la colère. Et, j'ai aussi touché du doigt, l'espoir d'un lendemain meilleur, la confiance, la pudeur et le désir de changement.

J'ai eu aussi à mener des missions éducatives en tant qu'enseignante auprès de jeunes déficients intellectuels, de jeunes en rupture scolaire, en quête identitaire, et en tant que formatrice auprès d'adultes en reconversion. De ces expériences, j'ai perçu les freins liés aux croyances et aux conditionnements. J'ai aussi perçu l'effet positif de la valorisation de l'humain sur son désir de réussir, sur l'image de soi et le dépassement de soi.

J'ai participé à de belles missions de développement de compétences en apportant mon concours aux entreprises pour la mise en place de leur plan de formation et d'outils de stratégie de gestion de leurs ressources humaines, en accompagnant l'humain sur ses projets de validation des acquis de l'expérience et de bilan de compétences. J'ai mesuré l'impact parfois destructeur des conditions de travail et aussi l'impact constructif et valorisant de la découverte de soi et du respect de chacun dans sa dimension humaine et professionnelle.

Enfin, je me suis investie dans des missions de développement personnel et d'éveil spirituel en animant des ateliers et des conférences sur des thématiques du développement personnel auprès des détenus du Centre Pénitentiaire de Ducos et de salariés d'entreprises martiniquaises. J'ai par ailleurs accompagné le développement de l'humain dans le cadre de parcours individualisés. J'ai découvert la misère psychologique et spirituelle, le mal être, les ravages de l'impact et du jugement des autres, les blocages multiples mais aussi la beauté au plus profond de chacun, les effets positifs de la découverte de soi et de la réconciliation avec soi, les champs du possible en chacun de nous.

Ces expériences représentent les fondations de mon Ecole de Vie. Elles sont essentielles dans ma compréhension de l'humain et dans mon désir de l'accompagner à être un meilleur lui-même en relevant le challenge qu'est la vie, dans le respect de ce qu'il est et le respect de son histoire de vie.

Tout naturellement, ces expériences de vie m'ont conduite à la création d'un Centre dédié à l'épanouissement de l'être, un Centre où le maître mot est la quête du mieux-être avec soi.

En effet, de ma compréhension de l'humain, il m'était apparu qu'il était essentiel d'oser un changement, pour redonner à sa vie ses vraies couleurs et ses vraies saveurs.

En créant ce centre, il s'agissait véritablement pour moi, d'inviter chacun à un retour à soi, à un « prendre soin de soi » avec bienveillance et respect.

J'ai donc souhaité, à travers cet outil, accompagner par un travail en profondeur sur l'Être autour de quatre axes :

Se connaître pour une réconciliation avec Soi

S'accepter pour un mieux-être avec Soi

Se libérer pour s'accorder une liberté à Etre

S'exprimer dans une liberté d'Etre

Une vraie expression de son « Essentiellement Soi ».

En parallèle à ce cheminement professionnel, j'ai voulu apporter mon concours à des causes qui me tenaient à cœur, en optant pour le bénévolat. C'est ainsi que j'ai été visiteuse de prison, que j'ai mené à bien un projet d'aide aux populations défavorisées en partenariat avec la Paroisse du François en Martinique et que me suis engagée dans des missions auprès des associations Saint Vincent de Paul et Petits Frères des Pauvres.

Ce sont ces expériences qui font mon profil car elles m'ont transformées, permises de découvrir qui j'étais vraiment. Grâce à elles, je peux mettre au service de ma relation à moi et aux autres mon humilité, ma bienveillance, mon empathie, mon respect de la dignité humaine et de l'histoire de vie de chacun. Je peux aussi puiser dans ce terrain expérientiel, des témoignages vivants et vibrants pouvant servir de leviers à ceux qui en ont besoin.

Mon cheminement intuitif

Nous sommes tous dotés d'une source intuitive, source de perception qui prend racines au plus profond de nous, dans notre intériorité. En avez-vous déjà fait l'expérience ?

Elle se manifeste à nous, de manière spontanée, sous la forme d'images, de messages, de petites voix, de ressentis...

Elle s'offre à nous, lorsque nous prenons le temps de nous arrêter et d'être en communion avec nous-mêmes, car c'est dans notre essence même qu'elle réside. Souvent certaines conditions peuvent l'activer en fonction de notre sensibilité. Pour ma part, le contact avec l'eau ou avec la nature sont les conditions idéales pour que je me connecte à elle.

L'intuition est donc une forme de compréhension spontanée, de certitude, l'accès à une connaissance immédiate et spirituelle des êtres et des choses sans recours au raisonnement. Elle s'apparente à l'acte de percevoir ce qui nous est inconnu sans pouvoir l'expliquer.

L'intuition est donc naturellement présente en nous cependant nombreux sommes-nous à ne pas lui prêter attention ou à la nier. Nombreux sommes -nous à la craindre et à la cacher de peur d'être jugés ou d'être submergés. Moi, j'associe l'intuition à la voix de mon âme car elle est ce qui m'apparaît être la plus pure et la plus juste des voix à suivre.

Tout au long de mon parcours de vie, j'ai été touchée, chamboulée, bousculée par des expériences intuitives pleines de sens. J'ai pris le temps de regarder intensément le monde, et j'ai aiguisé mon intuition.

Ces expériences étaient comme des clés me permettant d'ouvrir les portes qui mènent à ma mission ; ces clés, je les ai vues, je les ai eues et j'ai eu bien souvent peur de m'en servir, peur de découvrir ce qu'il y avait derrière ces portes. En faisant le choix de la peur, je me suis ainsi longtemps coupée de moi-même et ai retardé cette merveilleuse rencontre avec mon âme et avec son message.

Il est indéniable de constater que même si nous avons le sentiment d'être dans le déni de ce qui est, il n'en demeure pas moins que ces expériences laissent en nous des empreintes et nous font grandir en profondeur.

Nombreux ont été ces vécus expérientiels qui ont laissé en moi des sillons, comme les prémices d'une nouvelle route à prendre. En voici un témoignage de quelques-uns d'entre eux.

D'âme à âme

Ma première conscience intuitive s'est présentée à moi alors que je n'étais qu'une enfant de 10 ans. Debout sur le trottoir de ma maison, j'aperçus de dos, une dame âgée qui se dirigeait vers une destination inconnue. Je restai à la fixer avec le sentiment que quelque chose se préparait, qu'un évènement allait se produire, évènement que je pouvais éviter si je me rapprochais d'elle. Cependant, je ressentais de la peur, une peur qui me paralysait et me donnait davantage envie de fuir que d'intervenir. Quelques secondes et je vis avec effroi, cette dame basculer en arrière et tomber dans le canal, sa tête heurtant violemment le sol. Ma réaction a été d'aller me cacher, habitée par un sentiment de culpabilité profond ; aurais-je dû réagir, aurais-je pu la sauver ? Longtemps j'ai gardé en moi cette culpabilité, hantée par le souvenir d'un drame que j'aurais pu éviter.

Ma seconde conscience intuitive, je l'ai vécue de manière stupéfiante à mon arrivée au lycée. Dès la rentrée, mon regard était systématiquement attiré sans connotation amoureuse, par un jeune homme.
Chaque fois que je le croisais, je le scrutais, je pénétrais dans ses profondeurs et quelque chose me tenait là sans que je ne puisse y mettre des mots. Je restais en silence,

l'observant à son insu et dans l'incapacité d'y mettre du sens.

Ce n'est que quelques jours plus tard que je compris que j'avais été en contact avec une part profonde de lui qui me disait que l'impossible était là, à quelques pas. Cet impossible s'appelait alors la mort car ce jeune mourut quelques jours plus tard lors d'un cours de sport. Bousculée, dans l'incompréhension de ce qui se présentait à moi, je fis le choix de taire ces intuitions de crainte d'être incomprise.

Cette situation me laissa sans voix, dans une grande solitude, néanmoins, au plus profond de moi, le questionnement était grand : était-ce son âme à laquelle je m'étais connectée ? Qu'ai-je vécu là et que puis-je en faire ? Aurais-je pu gérer autrement la situation ?

Mes questions restaient vainement sans réponse car personne ne pouvait me l'apporter. Il y avait comme une évidence à accueillir et à accepter cette réalité, comme faisant partie de moi.

S'en sont suivies diverses situations de rencontres d'âme à âme, se manifestant à moi lors d'un contact direct avec la personne ou à distance. Combien de fois ai-je à distance ressenti la réaction, le désarroi et la pensée des uns et des autres.

Ma vie a été ainsi une succession d'expériences intuitives, mettant en exergue ma capacité d'être en contact avec ce qui de prime abord, ne se donnait pas à voir. Cette découverte loin de me rassurer m'interpellait, m'effrayait parfois. Je n'arrivais pas alors à mettre des mots justes sur ce que je vivais et qui pourtant est naturel et présent en chacun de nous.

Puis, progressivement, avec mes expériences de vie, je me suis mise à pouvoir nommer ce que je vivais.

Dès lors, j'acceptai que cette intuition fasse partie de moi et qu'elle puisse s'inviter dans ma vie chaque fois que je me recentrais sur moi, que je me connectais à moi et que je permettais que s'ouvre ce canal qui me reliait à mon intériorité.

Lorsque je me l'autorise, en prenant le temps de regarder l'humain, je peux ainsi me connecter à la profondeur de son être. Se forment alors sur mes lèvres des questions qui le touchent parce qu'elles éclairent ce qui justement à cet instant, a besoin d'être éclairé.

Retrouvailles d'âmes

Ce don qu'est l'intuition nous donne aussi à comprendre certaines situations de vie actuelle.

Si vous avez bien compris que notre âme en se réincarnant est porteuse d'empreintes de nos vies passées, vous comprendrez donc pourquoi dans cette vie nous ressentons parfois le sentiment du déjà vu ou du déjà vécu.

N'avez- vous jamais eu l'impression de connaître quelqu'un, de l'avoir déjà côtoyé alors que dans les faits il n'en est rien ?

N'avez-vous jamais vécu des relations où tout se met en place avec fluidité, apaisement, compréhension ou au contraire nœuds, difficultés, tensions ?

Comment comprendre cela ? Quelles vérités se cachent derrière ces situations ?

Il m'est arrivé de vivre des expériences pleines de cette vérité et en y mettant du sens, je les percevais et j'acceptais de les vivre différemment parce qu'elles me donnaient à voir une dimension au-delà de l'humain. En voici quelques - unes qui ont fait sens pour moi :

Lors d'une invitation, j'aperçus un jeune homme et me sentie d'emblée attirée par lui. Mon regard le quittait et revenait systématiquement vers lui, une attirance pour ce qu'il dégageait que je ne m'expliquais pas. Je ne le connaissais pas, il ne me connaissait pas. Alors que mes pensées vaquaient à leurs occupations, alors que la discussion allait bon train avec une amie, je ressentis tout d'un coup, une présence. Ce jeune homme était venu s'asseoir à mes côtés, il était là, tout près de moi à me sourire et ce que j'entendis de sa bouche me laissa sans voix. Il me regarda et s'adressant à notre amie commune dit : « je ne sais pas mais il y a quelque chose qui m'attire chez cette dame… J'ai l'impression de la connaître, j'ai l'impression qu'elle a été ma mère… ». Nous n'en revenions pas et comprenions que quelque -chose qui nous dépassait venait de se produire.

Il y a aussi des rencontres qui réveillent d'anciennes situations non résolues et cette vie terrestre pourrait s'avérer être le théâtre d'un nouvel acte…

Lors du choix d'une formation longue et coûteuse, je fus attirée par un contenu qui semblait correspondre à ce que je cherchais. Pourtant, à la vue de la photo des organisateurs, je me sentis mal, prise d'un sentiment étrange de crainte, de doute et de méfiance. Je décidai néanmoins de m'inscrire et, très vite, cette méfiance me prit aux tripes au point de désirer abandonner cette formation ; je n'étais pas à ma place et surtout je ne me sentais pas en confiance totale en leur présence. Mais voilà, les choses étaient posées dès le départ, aucun remboursement n'était possible et en quittant cette formation, j'acceptais de leur laisser une somme importante. Je fis le choix de me confier à une collègue de formation qui était médium (je ne le savais pas) et elle me conseilla de faire tout de même la démarche, ce que je fis. A mon grand étonnement, les organisateurs acceptèrent sans difficulté, de me rembourser intégralement la somme. Dans l'incompréhension de ce qui venait de se produire, je revins vers ma collègue qui m'expliqua que dans une autre vie, j'avais connu avec ces mêmes personnes des problèmes d'argent et qu'il était aujourd'hui nécessaire qu'ils réparent, d'où ce remboursement. Tout s'expliquait, cette lecture éclairait ma conscience d'une tout autre manière.

De mes nombreuses relations professionnelles, il en est une qui m'a profondément touchée par son intensité et son déroulement. Il m'a été donné de faire la connaissance dans des circonstances surprenantes d'une jeune personne. Touchée par une de ses initiatives j'ai été amenée à lui envoyer un message de félicitations. De nos échanges est née une relation professionnelle et je constatai rapidement qu'en sa présence, je ressentais un sentiment tout plein d'affection et l'envie de la protéger et de l'aider à prendre son envol dans la vie.

Cependant, les jours passant je compris que nous ne partagions pas les mêmes ressentis, nous n'étions pas du même camp. Il y avait comme une barrière entre nous, une distance dans cette proximité, une zone d'ombre dans cette nouvelle lumière et certains de ses comportements commençaient à m'atteindre et à me toucher.

Ma perception prit une toute autre ampleur lorsqu'un jour installée face à elle pour la première fois, je ne pouvais la regarder dans les yeux et une grande gêne m'habita soudain et me questionna.

Ce jour-là, je vis en face de moi, comme un fils ou une fille que j'avais abandonné et qu'il m'était difficile de regarder. Je compris que nous ne pouvions avoir une relation saine et apaisée. Cette personne ne pouvait comprendre ce qui nous unissait et encore bien moins mettre des mots sur nos divergences. A ce moment précis, j'ai su qu'inconsciemment, elle me faisait payer mes manquements d'une vie antérieure, que mes efforts ne servaient à rien car il était nécessaire que réparation se fasse. Rien d'autre ne s'avérant possible pour l'instant, je pris donc la décision de mettre de la distance dans cette belle relation professionnelle.

Ces récits constituent une infime partie de mon vécu expérientiel en la matière. Ils sont pour moi la preuve vivante des empreintes des âmes et des histoires qui se dénouent à travers nos vies terrestres. Chaque vie qui est, est l'occasion qui nous est donnée de réparer, d'améliorer, de parfaire. L'avons-nous compris ?

Perceptions intuitives

Au-delà des expériences précédentes, j'étais amenée et appelée à vivre de plus en plus en contact avec mes perceptions intuitives, perceptions intuitives surprenantes, déroutantes et oh combien résonnantes de justesse.

En voici quelques témoignages :

Je me rappelle d'un intervenant que nous avions fait venir pour animer une conférence et qui, dès le premier contact téléphonique a provoqué chez moi une réticence, un frein, une interpellation, une réaction épidermique. Plus nous nous rapprochions de l'évènement et plus je me sentais mal, assurée que quelque chose n'allait pas, qu'il fallait alerter la hiérarchie car un risque était pris. Ce que je fis, cependant, sans preuve aucune, comment justifier mes propos ? Par la suite, il s'est avéré que ce conférencier n'était pas d'une très grande honnêteté et en tant qu'organisateur nous avons dû engager notre pleine responsabilité dans ce choix malheureux.

Je pourrais aussi citer l'expérience d'une petite fille que j'appellerai ici Tania, une enfant que je ne connaissais pas personnellement et qui s'est brusquement un jour, invitée dans mes pensées. Tout en étant à distance, je la sentais mal, très mal, préoccupée par sa relation à son père. Ce ressenti étant perçu avec force, je pris la décision d'en parler à sa mère qui était une collègue en lui demandant des nouvelles de sa fille et ce qu'elle me décrit me laissa sans voix car son récit corroborait avec mes ressentis.

Aujourd'hui, mon intuition aiguisée, il m'arrive d'être en situation d'écoute profonde et de visualiser des images en lien avec ce qui m'est raconté et qui apporte une dimension tout autre au récit. De cette visualisation naissent des questions ou des hypothèses qui lorsqu'elles sont posées ont une résonnance particulière et sonnent justes tout en donnant à voir une autre réalité, comme une nouvelle lecture de la situation, un nouveau chemin à emprunter, le chemin du pardon ou de la résilience.

Ces vécus sont chaque fois pour moi, comme des portes qui incitent à poursuivre le chemin, à aller plus loin, en confiance.

Ces précédentes expériences de vie sont le fruit de mon ouverture à une connexion à mon intuition, à la voix de mon âme. Comme je l'ai mentionné en introduction à ce chapitre, nous sommes tous dotés de cette capacité, mais combien d'entre nous y prêtent vraiment attention ?

Une lumière dérangeante

Et puis, il y a dans ma vie toutes ces fois où j'ai eu le sentiment de déranger, toutes ces fois où ma lumière a éclairé de trop, l'ombre des uns et des autres.

J'ai été à maintes reprises confrontée à de vives et surprenantes réactions à mon égard me signifiant à peine arrivée dans un groupe, que je dérangeais, que je n'étais pas à ma place ou qu'on ne voulait pas me laisser place.

J'ai ainsi fait l'expérience incompréhensible et injuste que ma présence gênait, perturbait et interpellait. J'ai bien souvent préféré me retirer et accueillir l'expérience comme étant une étape de mon développement personnel. Chaque expérience vécue, aussi douloureuse qu'elle a pu être parfois, a été une occasion de me retrouver, d'aller au plus profond de moi et ainsi toucher ce qui était blessé et d'en sortir grandie.

J'ai appris à mes dépens que l'on pouvait se fondre dans la masse et ne pas se faire remarquer, ou se laisser habiter par sa propre lumière, rayonner et prendre le risque de perturber les autres, car, la lumière est avant tout, une source de vérité qui donne à faire plein feu sur ce qui est.

J'ai compris que lorsqu'une personne se cache ou donne à voir ce qu'elle n'est pas, la lumière de l'autre peut dévoiler et transformer la réalité qui se donne à voir et c'est ce que j'ai eu à vivre.

Cinquième prise de conscience

- Aujourd'hui, je suis riche de mes expériences de vie, elles représentent des occasions qui m'ont été données de me découvrir, de m'accepter, de faire de nouveaux choix de routes nécessaires à mon évolution personnelle. Ces expériences me donnent aujourd'hui à voir, une lecture pénétrante de ce qui est, une perception aiguisée de ce qui ne se voit pas. -

Chemin vers soi ; notes personnelles

Les inévitables tournants de ma vie pour une réconciliation avec moi

En faisant l'expérience de porter un regard sur ma vie, je prends conscience qu'elle a été jalonnée de carrefours où des choix s'imposaient, qu'elle a été ponctuée d'évènements révélateurs de changements à opérer, qu'elle a été l'expression vivante des cris de mon âme.

Ma vie est faite d'une route aux multiples chemins, chemins nécessaires aux prises de conscience qui s'imposaient, chemins nécessaires pour revenir à l'essentiel.

Comment entendre le SOS quand on est sourd ?

Comment voir l'urgence quand on est aveugle ?

Comment ressentir l'essentiel sinon avec son cœur en l'ouvrant aux messages des expériences de vie.

De nombreuses périodes de ma vie sont venues m'interpeller, comme des crises et se sont accompagnées de nouveaux choix qui doucement m'ont permis d'accéder à de nouveaux chemins pour retrouver la route que j'avais perdue.

Quand la douleur a été là, quand la souffrance a été présente, quand l'épreuve a été forte, j'ai eu le choix entre m'enfoncer au fond du gouffre avec ce boulet ou en faire un levier sur mon chemin de vie.

En 2000, j'ai frôlé la mort suite à une erreur médicale. Une opération pratiquée en urgence a révélé qu'il était juste temps d'intervenir car le risque de septicémie était grand, l'infection étant déjà bien avancée.
En sortant de la salle d'opération, couchée dans ma chambre, j'ai eu la nette sensation que j'avais été laissée en vie parce que j'avais une mission à accomplir.

Cette révélation m'a longtemps questionnée, sans que je ne comprenne ce qu'elle me disait. Je l'ai vécue comme une prise de conscience forte qu'il y avait désormais un nouveau chemin à emprunter comme une renaissance, comme un nouveau champ de possibles à explorer.

Néanmoins, sans en comprendre le sens profond, cette expérience m'a transformée en aiguisant ma sensibilité et en me reconnectant à ma clairsentience. La clairsentience étant la capacité de quelqu'un à ressentir les états émotionnels des autres et les vibrations énergétiques des personnes, des lieux et des situations, s'accompagnant parfois d'informations instinctives.

Combien de fois depuis cet évènement ai-je ressenti au contact de personnes, l'impossibilité de rester à proximité ou l'imminence d'un danger.

Combien de fois me suis-je éloignée de situations ou de gens dont l'énergie me faisait reculer.

Combien de fois ai-je eu l'impression en captant le regard, de scanner autrui et de me sentir indécente en devinant leur profondeur, leurs émotions, devinant la réaction qui s'apprêtait à s'exprimer.

Le nombre de fois n'a aucune importance, seule l'est cette découverte, cet appel de mon âme à utiliser ce dont je suis porteuse. Je prenais de nouveau conscience de manière plus aiguisée encore, que j'étais en capacité de regarder dans l'autre

Comme si cette précédente expérience ne suffisait pas à me faire comprendre ce qu'il y avait à comprendre, cette même année, j'ai vécu un harcèlement moral au travail. Moment très difficile et douloureux survenant après une période où tout allait pour le mieux sur le plan professionnel ; j'avais trouvé ma place et mon travail était reconnu. Ce revirement de situation a eu des conséquences sur ma santé physique et psychologique mais il m'a aussi amenée à revenir à moi comme si je revenais à la maison.

J'ai pris conscience que je m'aimais et que par respect pour moi-même, je ne pouvais m'imposer ce quotidien. Dès lors que cette décision a été prise, les choses se sont mises en place et j'ai enclenché une demande de mobilité professionnelle qui a été acceptée car j'étais en accord avec mon âme et qu'un nouveau chemin était désormais possible.

Je n'avais pas compris qu'il ne s'agissait que d'une étape dans mon processus d'évolution.

J'avais alors 40 ans et je m'étais toujours dit que l'année de mes 40 ans serait une très belle année, une merveilleuse étape dans ma vie et elle l'a été. J'avais la sécurité professionnelle et la sécurité personnelle pourtant, comme portée par une force, il m'apparaissait urgent de trancher en changeant de vie et comme par magie tout s'est mis en place de manière harmonieuse.

J'ai négocié mon départ, quitté cet emploi le jour de mes 40 ans pour un nouvel envol comme un nouveau chemin me rapprochant encore plus de ma route.

Il s'en est suivi un début d'activité libérale qui s'est enclenché immédiatement et qui m'a amenée à accompagner l'humain, à entendre ses besoins et comprendre ses souffrances souvent non exprimées parce que refoulées. J'ai exercé cette activité durant dix années, portée par cette passion de l'humain et de ses innombrables potentialités.

L'appel au changement n'était pas bien loin et ce chemin emprunté n'était qu'une autre étape pour me fortifier et m'inciter à aller plus loin.

Parallèlement à ce virage professionnel, j'ai été confrontée entre 2001 et 2013, à différents tsunamis sur le plan personnel : le décès brutal par accident d'un neveu de 20 ans, un accident d'avion qui a emporté une dizaine de mes proches, un cancer et l'éclatement de ma famille, socle essentiel de ma vie.

Ces accidents m'ont ramenée à la fragilité de la vie, à la nécessité de vivre en mode « Instant Présent » et de dire ce que le cœur a à dire. Ils ont aussi permis que je me repose la question du sens de la vie et du sens de ma vie.

Le cancer et l'éclatement de ma famille ont été pour moi des évènements qui ont hurlé à mes oreilles et qui m'ont ébranlée en profondeur parce qu'ils me touchaient directement, parce que j'étais concernée et que m'apparaissait non pas la fragilité de la vie mais la fragilité de Ma vie.

J'avais pris l'habitude de questionner les évènements et ces derniers me ramenaient à l'inconstance de la vie, à la nécessité de la résilience, du pardon et de la gratitude pour les leçons à en tirer.

J'ai compris - et cela faisait écho avec mon enfance – qu'une fois de plus, je n'étais pas à la bonne place et que par ailleurs, je pouvais, je devais enfin m'autoriser à être et à dire pour exister. Ces expériences ont aussi été les déclencheurs d'un nouveau choix de chemin, un chemin encore plus respectueux de la voie et la voix de mon cœur.

Cette dernière période a été vraiment pour moi une période cruciale de rupture avec mes habitudes, mes idéaux, mes conditionnements. Une rupture occasionnée par tant de douleurs, d'incompréhensions, d'ébranlements, de questionnements sur l'intérêt de la vie. Une période qui pourtant me préparait à un beau changement de voie.

Quand en 2014 je décide une nouvelle fois d'oser le changement, j'étais loin d'imaginer les bouleversements qui s'en suivraient.

Je prends mon envol pour une année sabbatique à Paris, histoire de me ressourcer et de m'accorder une pause pour me retrouver. Quelle belle année de découvertes historiques, culinaires, culturelles et aussi de rencontres spirituelles…
Ces rencontres spirituelles ont été de purs moments de révélations, de magnifiques instants de découverte personnelle.

Elles ont percuté mon corps, mon âme, mon cœur.

Elles m'ont interpellées sur mes choix et sur mes non-choix, sur mes craintes et sur mes désirs.

Elles m'ont fait douter et me sentir forte.

Elles ont mis en lumière mes dons sous-estimés.

Elles ont aussi mis le doigt sur la fermeture de mon cœur, comme une décision prise pour me protéger de l'extérieur.

Ces rencontres spirituelles ont été comme des guides mis sur ma route, comme un arc en ciel qui laissait présager un nouveau paysage de toute beauté.

Et puis, tout doucement, comme une graine qui trouve de meilleures conditions pour germer, je me suis mise à m'ouvrir, à éclore et à laisser entrevoir ce que je m'évertuais depuis tant d'années à étouffer.

J'ai accepté l'évidence qui s'offrait à moi : mon intérêt pour l'accompagnement vers un mieux-être de l'Humain. Tout s'est de nouveau enchaîné très vite : le choix de l'organisme de formation, de la formation, des modalités logistiques et financières. Tout était une suite de synchronicités parce-que tout s'avérait juste.

Mon cursus de formation a été vécu comme une expérience de régal tant au niveau des belles rencontres de cœur faites que du contenu pédagogique et des révélations personnelles émergentes.

Durant cette période de formation grâce à des visualisations intuitives, je n'ai eu de cesse de me projeter et de voir le paysage professionnel qui se dessinait : l'ouverture d'un centre dédié à l'épanouissement de l'être c'est-à-dire à l'accompagnement de l'humain pour qu'il se découvre, accède à ses profondeurs, s'accepte et se montre en toute liberté.

Voilà ce qui m'animait, voilà ce qui me touchait et me faisait vibrer.

L'idée centrale étant en accord avec le désir de mon âme, ce centre fut créé et bénéficia d'une belle énergie ; énergie du lieu d'implantation, énergie des visiteurs, énergie des intervenants… Tout se mit une nouvelle fois en place avec fluidité et synchronicité parce-que tout était authentique.

Que de magnifiques potentialités découvertes et mises au service de ce centre.

Que de splendides rencontres humaines vécues.

Que de riches expériences de vie partagées.

Ce vécu ne se raconte pas, il se vit et il se vit avec tout son être.

Il a le don de vous porter et de porter la joie, une joie indescriptible tant elle est immense.

Il a le don de vous permettre d'accéder à un état de plénitude, comme soutenu par l'univers qui vous remplit de grâces. J'ai vécu cet état et j'en suis pleine de gratitude.

Comme tout dans la vie, si nous n'y prenons pas garde, cet état de plénitude peut s'éteindre faute de n'avoir pas été entretenu par la confiance et le lâcher prise. Et c'est ce qui fût.

Au fil du temps, doucement, je me suis quelque peu éloignée du but premier que je m'étais fixée à l'ouverture du centre, parce que je n'ai pas été suffisamment vigilante. Comme un voleur qui guette au détour du chemin, la pensée rationnelle aidée par l'égo est revenue en force.

Je me suis mise à douter et à me laisser habiter par la peur du manque, par la frustration et la colère.

Je me suis fermée de nouveau à la voix du cœur, me suis de nouveau oubliée et me suis acharnée à développer le centre au péril de ma santé et au péril de moi-même.

Mon corps a hurlé qu'il n'était pas bien, mon âme a hurlé qu'elle était en danger et mes pensées rationnelles portées par une énergie débordante me disaient de continuer et de continuer encore.

Pourtant malgré les bons résultats financiers, je sentais bien dans mes moments de lucidité que je tirais sur la corde, que quelque chose n'était pas OK, quelque chose de l'ordre de l'irrespect qui donnait libre expression à la tristesse et à la colère.

Comprendre est le maître mot, comprendre pour mettre des mots sur les maux et comprendre pour oser un nouveau pas car toutes ces expériences, tous ces chemins empruntés sont là pour me ramener à ce qu'est la vie et m'inciter à y prendre, pleinement place.

L'école de la vie a été le terrain qui a rendu possible les semences de mes expériences et l'émergence de nouveaux chemins. Elle est un témoignage authentique qui donne raison à Colette Gouvion lorsqu'elle dit :

« On les croit nos ennemies car elles nous font souffrir. Pourtant, parce -qu'elles acculent au questionnement et à une redéfinition de soi, les inévitables crises de vie peuvent être des alliées à condition d'accepter de les traverser.»

Sixième prise de conscience

- La vie est pleine d'une succession d'expériences. La vie est faite de différents carrefours, de différents chemins empruntés à notre rythme. Ces expériences et ces chemins sont la résultante de nos choix et de nos prises de conscience. Elles sont nos petits pas qui nous guident résolument sur une route, celle qui donne sens à notre vie et qui a vocation à servir le désir de notre âme ; notre mission de vie. –

Chemin vers soi ; notes personnelles

Ecouter la vie qui coule en moi

Il a fallu la crise sanitaire liée au Covid 19 pour que je sois de nouveau forcée de m'arrêter et que je comprenne que quelque chose n'allait pas, que ce coronavirus était un SOS pour moi, une alarme qui me criait « Danger ».

Dans mon cœur, j'ai entendu STOP et mon regard a balayé ce qui était là, présent à l'instant et se donnait à voir.

J'ai pris conscience que malgré toutes mes expériences, malgré toutes les leçons apprises de ces expériences, je me perdais, que je ne respectais pas le choix de mon âme et donc que je prenais un risque, celui que mon âme n'ait plus envie de demeurer dans une enveloppe corporelle qui ne la respectait pas.

Cloîtrée à la maison sans autre occupation que d'être avec Moi, j'ai dans un sursaut décidé d'exploiter ce temps qui m'était offert pour me retrouver.

Ma première initiative a été de faire le choix d'un livre qui dormait dans un tiroir depuis cinq ans malgré mes différentes tentatives de lecture. Ce livre, « L'infinie puissance du cœur » arrivait à point nommé.

Pourquoi maintenant et pourquoi lui ? La suite nous le dira probablement.

La seconde décision prise a été de renouer avec mon environnement naturel. C'est ainsi que tous les jours, je décidais de me poser dans mon jardin et d'en faire un support de ressourcement, d'apaisement et de connexion à moi. Quel bonheur de m'offrir cet instant de retrouvailles et de découverte !

Installée sous un arbre fétiche, je me régalais de cette nature, des chants d'oiseaux qui ravissaient mon être, du bruit du vent dans les feuillages qui me faisait voyager, des animaux qui jouissaient avec magnificence de leur liberté, des arbres qui profitaient de la terre mère pour y puiser ce dont ils avaient besoin pour grandir…

En pleine méditation mon corps m'a parlé : le sentiment d'avoir une pierre à l'emplacement du cœur, une compression à la gorge, une lourdeur violente à la tête.

Le cœur, la gorge, la tête : quel pouvait être le message ? Une évidence se fit : j'avais à libérer mon cœur pour entendre, ma gorge pour dire et ma tête, pour me connecter à plus grand que moi et voir avec un discernement tout autre.

Il m'était dans un cri ultime, demandé de faire désormais le choix d'écouter la voie (la route) et la voix (le message) de mon cœur et donc de mon âme.

Ce silence que je m'offrais, cette écoute que je m'accordais me permirent d'entendre le vibrant message de mon âme :

Mon âme est triste car je la tue pour ne pas l'entendre.

Mon âme est en colère car je la méprise en refusant d'entendre ses hurlements.

Mon âme a peur de partir sans avoir existé.

Mon âme est en joie lorsqu'elle rencontre, transmet, soutient, donne un nouveau souffle.

Ce silence…

Moment magique où la peur se transforme en exaltation, où je me sens transportée ailleurs, dans un Moi véritable qui ne demande qu'à s'exprimer.

Moment de reconnaissance d'une part de Moi, une part essentielle qu'est mon Ame.

Moment déterminant où je mesure que mon âme est libre, libre d'être et libre d'exprimer ce qu'elle est venue faire.

Je prends enfin conscience que la libre expression de l'âme ne connaît pas la peur car elle est Amour et Rencontre, elle est Exemple et Lumière.

Alors que la période de confinement semble s'installer inexorablement, cette question du sens de ma vie se repose à moi encore une fois. Elle prend toute sa place, toute la place. Elle s'impose à moi et je m'y contrains avec lucidité, une lucidité pleine de douceur, d'amour et de bienveillance pour ce qui est...

Des questions se bousculent et me bousculent. Elles m'invitent à une quête, une vraie rencontre avec moi, une introspection qui peut tout changer.

Là, aujourd'hui, maintenant : ma vie a - t'elle un sens ?

Fait - elle sens pour moi ?

Quel est le sens de ma vie ?

Qui suis-je et Que suis-je venue faire ici ?

En connexion avec cette nature qui me transporte au plus profond de moi, je sonde, je cherche, je suis en quête, en quête de moi.

Je me laisse doucement m'installer dans cette quête, curieuse de cette rencontre, avide de ces découvertes, pleine de gratitude pour cette opportunité offerte d'une réconciliation avec moi.

Quête salutaire

Cette quête m'amène de manière évidente à une pleine conscience.

Pleine conscience que :

Je suis une âme, un corps, un être vivant et pensant, un être à l'origine libre, attaché à rien sinon à être.

Je suis un être plein de potentialités et riche de ses expériences antérieures de réincarnations.

Je suis un être divin et à l'image du divin, aimé de manière inconditionnelle par plus grand que lui.

Je suis au service de l'univers et l'univers est à mon service, tant qu'il s'agit de servir les besoins de mon âme et non de mon égo.

Je suis une créature de l'univers avec sa nature propre et unique ayant à vivre selon ma propre nature et non celle des autres.

Je suis plus grand que je ne l'imagine et en m'incarnant je suis venue comme chacun d'entre nous, accomplir une mission. Cette mission est un don unique que j'ai à offrir à autrui, un talent à mettre au service des autres et c'est dans ce service que je suis lumière pour l'autre et lumière pour moi-même car l'expérience à l'autre est un miroir qui me permet de grandir, de voir où j'en suis, de percevoir le chemin parcouru et le chemin à parcourir. Encore me faut-il accepter de regarder dans le miroir en revenant sans cesse à moi car je suis ma propre boussole.

Notre mission est comme un souffle qui murmure à l'oreille les besoins de l'âme, comme un phare qui donne la direction, comme une ancre qui permet de se retrouver, comme un chemin qui relie l'intérieur et l'extérieur.

Trouver la réponse à la question du sens de sa vie passe par être en quête de sa mission de vie car c'est dans l'expression de celle-ci que nous serons justes, que nous connaîtrons le plaisir et l'extase de notre propre esprit.

La porte d'accès à notre mission de vie est notre cœur car c'est par ce dernier que nous donnons à notre âme à se laisser voir avec justesse.

Or, c'est bien souvent, le regard que nous portons sur nous, la vision que nous avons de nous-mêmes qui nous limite.

C'est aussi l'importance que nous accordons au regard de l'autre qui nous emprisonne. Nous cherchons à l'extérieur ce qui est déjà à l'intérieur et qui ne demande qu'à s'exprimer. Nous déléguons à l'autre la capacité de nous remplir alors que nous avons la faculté de nous combler par nous-mêmes.

En m'octroyant avec bienveillance et respect l'espace nécessaire pour entendre la voix de mon cœur, je m'accorde la possibilité d'écouter la voie de mon cœur. Elles sont à elles toutes deux, le seul chemin que mon âme aspire à emprunter, le seul chemin qui mène à la paix car ma personnalité est alors au service de mon âme, dans la reconnaissance et le respect de ma mission de vie.

Alors, en ces jours de confinement, j'entends l'appel et je réponds à l'appel. Ma quête de sens même si elle me paraît salutaire, me sera t'elle révélatrice ?

Quête révélatrice

En acceptant l'invitation de l'univers à venir chez moi, à entrer en moi, j'ai accepté de reparcourir ma vie et de regarder avec bienveillance les messages qu'elle m'adressait.

Oui, à l'instant présent, à l'instant où je me suis arrêtée de ma course effrénée, j'ai vu que je me trompais à nouveau de route et j'ai pris conscience qu'aucune situation, qu'aucune relation n'était une perte de temps car si elle ne m'avait pas apporté ce que je cherchais, elle m'avait montré ce dont j'avais besoin.

Alors, avec douceur, j'ai regardé...

J'ai posé un regard rétrospectif et respectueux sur ma vie et j'ai vu que maintes fois j'ai trébuché, que maintes fois je suis tombée et toujours, je me suis laissée percuter et transformer par les évènements. Toujours, je me suis relevée et j'ai recommencé à marcher, à avancer sur un chemin, sur mon chemin de vie. Chacun de mes carrefours de vie a été une occasion unique de faire un choix, un choix qui s'imposait à moi à l'instant précis, un choix qui ne se regrette pas. D'expérience en expérience, de chemin en chemin, au fil des années, je me suis transformée pour devenir qui je suis aujourd'hui. J'ai mesuré le chemin parcouru et j'ai compris que s'il l'a été, c'est que dans un sursaut j'ai pris un jour, la décision de m'aimer et de me respecter.

J'ai compris et je comprends encore que mon chemin de vie aussi chaotique qu'il pourrait sembler être, était nécessaire pour que mon âme reprenne la gouvernance de mon corps. J'ai compris que j'en étais fière car il était différence et faisait ma différence.

J'ai posé un regard curieux, ouvert sur mes différentes créations - *je pratique sur mon temps libre de la sculpture sur ponce* - et j'y ai vu de la rondeur symbolisant le centre, la plénitude, l'amour. J'y ai vu aussi l'ambivalence entre l'être et le paraître, entre nos masques et notre vraie réalité et enfin j'ai redécouvert mon désir de liberté, d'harmonie et d'équilibre.

Mes œuvres livraient un secret, mon secret, celui de mon âme qui voulait être et non paraître, être dans l'amour et dans la liberté, être sans détour et sans masque.

J'ai posé un regard questionnant sur mon activité professionnelle actuelle ; j'ai vu qu'alors qu'elle s'inscrivait à sa création, dans la quête et l'épanouissement durable de l'être, qu'elle était en voie de dévier vers « le prendre soin de soi » qui n'est pour moi, qu'une vue restrictive de l'épanouissement.

J'ai posé un regard introspectif sur mon positionnement personnel qui se voulait empreint de liberté à être et de liberté d'être et j'ai vu que j'étais moi-même sur un chemin où je niais une partie de cet être, où je méprisais mon âme au profit de besoins rationnels, au profit d'une certaine rentabilité.

J'ai pour habitude de dire qu'à chacun son chemin et que là où il y a un choix, il y a un chemin. J'avais besoin de tous ces chemins pour retrouver une route, j'avais besoin de tous ces choix pour me guider sur ma route.

La vie m'a montré que sur son chemin, rien n'est jamais perdu, rien n'est jamais vain, que tout reste possible car la vie est une succession de prises de conscience qui permettent que le changement s'opère et que l'impossible devienne possible.

La vie m'a aussi montré que personne n'est jamais arrivé au bout du chemin, que notre quête est permanente et que ce que nous donnons à voir, n'est que l'illusion de ce à quoi nous aspirons.

Une nouvelle route est désormais devant moi, route que je désire emprunter jusqu'au prochain croisement.

Septième prise de conscience

- C'est au plus profond de moi que se trouve la source à laquelle je peux m'abreuver pour continuer ma route. C'est par elle que je peux trouver le sens de ma vie et donner sens à ma vie.

Dans un acte d'amour inconditionnel, je m'autorise à accéder à cette source, je m'autorise à faire jour après jour des choix de chemins, convaincue qu'ils ne sont pas vains et qu'ils sont tous porteurs de sens. -

Chemin vers soi ; notes personnelles

De ma quête à la pleine expression de mon Être

Tant que la vie sera en moi, tant que le souffle m'habitera, tant que mon âme sera présente, j'aurai accès à l'essence de mon être, c'est-à-dire à un état de pure conscience qui ne peut être atteint que si on est suffisamment attentif et apaisé.

Lorsque je m'abandonne et que je me libère de mon désir de contrôle, que je lâche prise et que j'accepte ce qui est là, uniquement là à cet instant présent, j'entends monter du plus profond de moi une voix d'une telle fluidité, d'une telle limpidité qui laisse émerger ce qui est, comme une évidence de ce que je suis venue faire ici-bas.

J'accueille et j'accepte qui je suis

L'écho de la voix de mon âme me parvient et me ramène à mon désir intrinsèque d'exister, d'être libre et de me sentir libre, d'être compassion et amour pour moi et pour l'autre.

Il me permet de reprendre contact avec qui je suis et avec ce que je suis venue faire de ma vie, avec mon intuition et mon inspiration.

Il m'incite à m'engager, à m'engager de manière authentique au service de ma vie.

Alors oui, je me dis oui et je dis oui à la vie !

J'accepte mes chemins de vie et les transformations de mon être.

J'accepte mon aptitude à me laisser guider par mon intuition, cette intuition qui me permet de rencontrer autrement les gens en passant par leur cœur, leur âme, leurs pensées et leur champ énergétique.

J'accepte aussi ma capacité à émerveiller et à toucher lorsque dans mon expression, dans mon regard, dans mes contacts, je fais taire le mental pour laisser toute place à l'expression de mon âme.

J'accepte ma contribution au développement de l'humain.

Oui, la pleine expression de mon âme est possible.

Elle a la faculté de semer des graines là où le besoin est.

Elle a le don de convaincre là où le doute est.

Elle a l'audace de se dire lorsque la peur disparaît.

Elle a l'ambition d'être entendue lorsque le cœur prend toute sa place.

Ce qui fait sens pour moi

Dans cet espace-temps que je me suis octroyée, le silence est là, pourtant, je ne suis pas seule car je suis avec moi. Ce silence me permet de poser ce qui aujourd'hui fait sens pour moi.

De cette introspection, je prends conscience que je suis riche.

Riche de mes expériences de vie qui m'ont façonnée, transformée, sublimée.

Riche de mes talents que je regarde avec ravissement : le sens de l'écoute et du partage, le goût du challenge, le sens de l'écrit enchanteur, l'intuition, l'inspiration, la présence curieuse de tout, le sens de la relation et de la convivialité.

Riche de la lumière qui est mienne, et qui désormais peut rayonner et éclairer en toute bienveillance.

Riche de mon intuition qui me permet de poser un regard clairvoyant sur ce qui est.

Riche de mon inspiration que je peux mettre au service de ma créativité.

Désormais, ce qui fait sens pour moi est que je suis là, sur cette terre pour apporter ma contribution à la transformation de l'être.

Je me sens investie de la mission d'instruire, de montrer le chemin en accompagnant et en aidant l'autre à se découvrir, à s'accepter et à exprimer librement toutes les potentialités qui font de lui ce qu'il est.

Je pense que le moment est venu de témoigner, de partager et d'accompagner à partir de ma propre expérience. Je suis pleinement consciente que c'est parce que j'ai connu ce que j'ai connu, c'est parce que j'ai traversé ce que j'ai traversé et comme je l'ai traversé, que je suis aujourd'hui qui je suis. Ce chemin personnel que j'ai emprunté pas à pas, expérience après expérience, je peux le mettre au service du développement de l'humain, dans le respect de son histoire de vie.

Cette rencontre personnelle que j'ai pris tant de temps à mettre en œuvre, j'ai le désir de la proposer en accompagnant chacun sur son chemin de vie. Quel beau projet pour que l'êtreté soit…, pour que la nature profonde véritable s'exprime, l'occasion rêvée de planter des graines et de les voir germer, pousser et donner à voir quelque chose de nouveau comme un nouveau possible, comme un nouveau sillon qui mène au chemin vers soi, le plus beau chemin qui soit.

J'ai le désir profond de mettre au service des autres mes connaissances ainsi que mes riches expériences de vie terrestre actuelles et celles issues de mes réincarnations car, ce qui fait ce que je suis, dépasse les frontières du temps, ce qui fait ce que je suis ne se prouve pas mais se vit. Mon âme n'a pas de diplôme, mon âme n'a pas de preuve de ses expériences, elle est « expériences ».

Je prends la pleine conscience que je suis parfaitement dans mon élément lorsque je réconforte, que je soutiens, que je permets l'impulsion et le changement, que je transmets et que j'éveille les consciences.

J'aime ce que produit chez moi le sentiment de planter des graines et de mettre des mots et du sens sur ce qui est, des mots et du sens qui changent la vie.

J'aime à me nourrir de la certitude que rien n'est impossible et que chaque jour est un nouveau possible.

J'aime ma conviction que nous sommes acteurs et créateurs de notre vie et que nous avons en nous une source inépuisable de potentialités pour lui donner sens.

J'aime particulièrement voir l'étincelle dans les yeux de celui qui a trouvé sa voie parce qu'il s'est réconcilié avec lui et qu'il s'est relié à sa source intuitive.

Ce qui fait sens pour moi c'est l'épanouissement de l'être, un épanouissement qui ne souffre pas du poids du regard de l'autre mais qui est la pure expression de sa nature profonde car c'est en elle que réside sa plus grande beauté.

Autorisation à être

Premiers pas

Cette introspection a été pour moi un moment salutaire de prise de conscience que ce qui m'animait était de l'ordre de « l'Essentiellement Soi », c'est-à-dire de l'Etreté.

En venant sur terre, j'étais habitée par le désir de révéler au monde la vérité profonde qui m'habite, cette belle lumière qui ne demande qu'à être dévoilée, libérée, exprimée ouvertement par la parole, les écrits, l'expression de moi-même

Je suis là - comme chacun d'entre nous - pour Être Lumière pour l'Autre et favoriser l'évolution de l'humain. Dans mon cas, cette lumière s'exprime par la transmission de connaissances et la mise au service de l'autre, de mon discernement, de mon intuition, de mon authenticité, de ma clairvoyance.

Je suis venue à ce monde pour contribuer à faire émerger l'Etre qui sommeille en chacun de nous.

La prise de conscience est le premier pas sur le chemin de ma vérité.

Le second pas reste à faire afin d'enclencher la marche. Ce second pas sera possible, si je fais taire la peur, la crainte et l'anxiété qui peuvent se présenter.

En faisant confiance à la voix du cœur, en vivant dans mon propre élément, je permettrai que se libère la voie qui mène à la pleine expression de ma mission de vie.

Il m'apparaît aujourd'hui primordial de mettre mon être au service de ma vie personnelle et professionnelle. Cela induit de rester connectée à mes intuitions, en ayant foi en la voix de mon cœur, seule voie à suivre. C'est de ce quotidien avec moi que je pourrai percevoir mes émotions, mes besoins, mes désirs et puiser l'élan nécessaire à la réalisation de ce qui a besoin d'être.

Vivre désormais dans une quête permanente de mon épanouissement passe par des moments réguliers de pleine conscience de ce qui est, ces moments de silence qui permettent la conversation avec soi afin de laisser émerger l'essentiel.

Le risque est grand de combler notre vie, par une multitude de désirs occultant nos vrais besoins. Notre vie se résumerait en une frénésie compulsive inconsciente, faite de boulimies de toutes sortes, sans nous rendre compte que nous courons après des choses qui flattent notre Ego, qui ont si peu d'importance et si peu de résonnance sur notre épanouissement.

Cette parenthèse que j'ai pu m'offrir m'a permis de prendre conscience que mon épanouissement personnel passe par la rencontre de l'autre et par l'émerveillement qu'elle me procure. Cet autre, qu'il soit présence humaine ou élément naturel est avant tout un miroir qui me reflète ma propre image. Cette image devient alors, une preuve de vie et une preuve de sens car ce qui fait sens pour moi a été posé et ce qui a été posé a fait sens pour l'autre.

Désormais, il m'appartiendra dans mes relations, de privilégier une attitude de communion de cœur afin d'être dans une vraie rencontre de l'autre. Prendre du temps, écouter, regarder, poser sont des verbes qui prennent un sens et une expression nouvelle pour moi parce-que j'ai eu le courage de les regarder autrement.

Désormais, je peux m'autoriser à utiliser mes talents en toute liberté au service d'un but supérieur : celui de l'éveil des consciences.

Cet éveil des consciences trouvera - j'en suis convaincue - les thématiques et les supports les plus adaptés qui soient car ce qui est juste trouve sa juste expression. Il m'apparaît juste aujourd'hui d'être lumière pour l'autre.

Être lumière

Être lumière pour l'autre n'est pas dire à l'autre ce qu'il faut faire car qui suis-je pour le faire ?

Être lumière pour l'autre, passe par mon positionnement personnel, par ma propre réalisation qui peut être un témoignage vivant des possibles de la vie.

Être lumière pour l'autre passe aussi par ma contribution à sa prise de conscience de qui il est vraiment et de ce qui fait sens pour lui. C'est en sensibilisant, en transmettant, en soutenant, par l'écriture, les espaces d'échanges, l'accompagnement, que je pourrai être pleinement dans cette mission d'éveil des consciences, que je pourrai permettre que l'impulsion soit, parce que le chemin est là et que les challenges à relever deviennent des leviers vers l'épanouissement.

Alors oui, lorsque j'y serai, j'aurai le sentiment de la mission accomplie, j'aurai le sentiment avoir été « passeur de mémoire » et la certitude de laisser traces de mon passage sur cette terre, comme un petit grain dans l'épanouissement de ceux qu'il m'aura été donné de croiser sur ma route.

Huitième prise de conscience

-        A l'image de la vie, nous sommes mouvements et changements. En nous réside un champ de possibles à découvrir et une liberté à être, à explorer. Magnifique challenge à relever, que d'être et d'aider à être afin de se découvrir, de s'accepter et de s'ouvrir à l'autre de manière authentique. -

Chemin vers soi ; notes personnelles

Et maintenant, à moi de vous inviter à oser le changement

Face aux évènements de la vie, nous nous sentons bien souvent vulnérables, impuissants, mécontents.

N'y a-t-il pas lieu tout simplement, d'accepter ce qui est et de chercher à décoder le message personnel et collectif qui nous est adressé.

N'y a-t-il pas lieu tout simplement, de nous montrer curieux, de ce qu'il y a à comprendre pour agir ?

Mon invitation au voyage avec moi s'achève ici. Cette traversée que vous avez pu vivre en ma compagnie, vous révèle que tout est sens et vous permet de prendre conscience que malgré vos vécus, malgré vos ressentis, vous avez en vous une étincelle de vie qui rend possible vos transformations.

Alors, après cette lecture, puissiez-vous, vous remplir de vous-m'aime pour être vous-même et vous poser la question de la contribution que vous pourriez apporter au monde.

Je vous y invite, je vous y incite par ces questionnements :

Et si vous acceptiez de regarder votre vie ?

Et vous acceptiez d'y rechercher du sens ?

Et si ce qui faisait sens pour vous, vous le mettiez au service de votre vie ?

L'essentiel est avant tout de vous trouver ou vous retrouver afin de pénétrer au plus profond de vous et découvrir ce trésor qui s'y cache. C'est lui qui donnera force et forme à votre mission de vie.

Avec courage, confiance et lucidité, osez poser le premier pas, votre premier pas.

Je vous invite à un véritable investissement sur vous-même, à un voyage en vous-même afin de mettre en mots vos vécus pour donner sens à votre vie et prendre part à ce pourquoi vous êtes là !

.

Nous l'avons compris, toute vie a un sens, tout Homme a une mission de vie et notre passage terrestre nous permet de l'exprimer.

Si ce livre vous a inspiré c'est qu'il fait sens pour vous à l'instant présent.

Si à la lecture de ce livre, vous avez été touché, transporté, c'est qu'il vous a parlé de vous.

Si après la lecture de ce livre, vous ressentez le besoin de prendre quelques instants pour réfléchir à votre vie, c'est que le moment est venu d'arrêter de marcher, sans savoir où vous conduisent vos pas.

Si après avoir déposé ce livre vous y revenez, c'est que vous êtes prêt pour un nouveau choix de route.

Si mon témoignage vous a touché, c'est qu'il vous invite à poursuivre le voyage, un voyage initiatique en vous, une véritable réconciliation avec vous.

Ces quelques pistes sont comme des premiers pas possibles, pour vous ouvrir à l'accueil de vous-même et à l'accueil de votre mission de vie, et ainsi, participer à donner sens à votre vie. Cependant, à chacun son chemin, à chacun ses prises de conscience et ses choix.

Osez faire le tour du monde, le tour de votre monde en choisissant les escales qui semblent vous appeler :

Vous connecter à votre essence même, à votre joie d'enfant afin de découvrir ce qui y sommeille et renouer avec votre intuition naturelle, celle qui alimente votre mission de vie et permet que votre vie prenne sens.

Vivre à votre rythme en vous offrant des expériences de lenteur, de pauses, de vrais moments « soupapes » dans le respect de vous-même pour que le prochain pas soit différent du précédent.

Reconnaître et naître à l'instant présent, lui donner de l'espace pour qu'il existe, pour une plus grande conscience de ce qui se passe en vous et dans votre environnement, accueillir la vie en savourant le meilleur de ce qu'elle vous apporte et en acceptant de vivre l'inconfort de certaines expériences.

Ressentir de la gratitude en reconnaissant et accueillant avec humilité et bienveillance ce que la vie nous offre, en accordant à votre vie, ses vraies valeurs et ses vraies saveurs.

Ecouter la voix du cœur, cette petite voix intérieure qui sans cesse vous rappelle ce pour quoi vous êtes ici et laisser émerger ce qui est important, ce qui est essentiel pour vous.

Vivre votre vie simplement, sans vous prendre trop au sérieux sans laisser trop de place à l'Ego qui bien souvent vous éloigne de vous-mêmes.

Vous autoriser à rêver, à accueillir vos rêves et accepter de les réaliser.

Sortir de votre zone de confort, oser réaliser l'évidence qui se présente à vous et oser vivre vos passions.

Vous détacher du matériel et vous ouvrir à vos valeurs de cœur pour être au monde.

Ces pistes ont l'intérêt de vous permettre de revenir à vous, essentiellement et uniquement vous, car c'est en vous, que résident les clés du sens de votre vie.

Ces premiers pas donneront naissance à d'autres pas qui vous amèneront vers de nouveaux horizons.

Ces premiers pas seront aussi des traces qui vous permettront de reconnaître le chemin parcouru.

Ces premiers pas sont essentiels pour vous dire que le chemin vers vous est possible.

Alors, OUI, envisager le Pourquoi de votre existence sous un angle nouveau, passe par le Comment redonner du sens à votre vie, en refusant de nier ce qui en vous est venu s'exprimer, en permettant que se libèrent en vous des potentialités endormies et en étant pleinement acteur de votre vie pour être à son service.

Chemin vers soi ; notes personnelles

Je fais le souhait que vous vous arrêtiez et que vous preniez le temps de vous rencontrer, de vous regarder.

Je fais le vœu que vous vous posiez et que vous arriviez à sonder votre mission de vie.

Je fais le rêve que vous trouviez votre épanouissement en donnant sens à votre vie.

Soyez lumière, soyez vous !

Table des matières

Au fil des mots

Recueil de textes intuitifs pour vous accompagner dans votre voyage intérieur

Lorsque nous sommes à l'écoute de la douce musique, écho de notre source intuitive, nous nous laissons habiter par l'abondance de l'inspiration.

Lorsque l'inspiration s'invite à notre présence, elle fait jaillir de nous, la créativité.

Lorsque la créativité s'exprime en nous, elle a le don de donner sens aux mots.

Ces textes sont à lire, à questionner, méditer, à savourer.

Au fil des jours, au gré de vos besoins et de votre intuition, choisissez-en un et laissez-vous inspirer, toucher par les mots et par leurs sonorités. Ils vous parlent de la vie, ils vous parlent de vous.

Que ces textes intuitifs, fruits de mon inspiration, vous apportent un message, un message de la vie.

Que ces textes intuitifs soient un déclencheur, pour oser voyager au plus profond de vous et faire jaillir le sens de votre vie.

Instant Présent

Instant présent, instant à vivre.
Instant présent, instant fragile.

Instant présent, instant magique.
Instant qui vient, qui est, qui passe.

Instant présent,
Instant à prendre, à respirer, à savourer.

Instant présent,
Instant pour être ;
Être pleinement et librement.
Être totalement et intensément.

Silence

Dans le silence,
J'entends, le bruit du silence.

Dans le silence,
J'entends, la musique des oiseaux.

Dans le silence,
J'entends, le murmure du vent.

Dans le silence,
J'entends, le chant des feuilles.

Dans le silence,
J'entends, la musique de mon cœur.

Dans le silence,
J'entends, le murmure de mes pensées.

Dans le silence,
J'entends, la vie,
La vie de la nature et la vie en moi.

Dans le silence,
J'entends, le chant de mon âme.

Chant m'invitant à la vie, à la joie, à l'amour.
Chant m'invitant, à vivre et à être.
Chant m'invitant à ce nouveau chemin
Sur les pas de ma vie.

Juste là

Juste là, avec moi,
Dans cette nature si douce,
Juste là avec moi,
Dans cet instant magique,
Juste là avec moi,
Dans ce moment présent.

Juste là, pour qu'en moi,
S'ouvre un nouvel espace,
Un espace du possible.

Juste là, avec moi,
Pour que dans cet espace,
Je me pose et me repose,
Pour que dans cet espace,
J'ose enfin écouter, ce qui est à entendre.

Entendre la musique, la musique de la vie,
Entendre la chanson, la chanson de mon âme,
Entendre la voix, la voix de mon cœur.

Juste là pour goûter,
A la beauté de l'instant.
Juste là, pour toucher,
A un désir nouveau,
Désir de vivre et de dire,
De vivre et de dire, ma joie d'être,
D'être qui je suis.

Souffle de vent

Vent, quand tu souffles sur les feuilles,
Tu donnes à voir une nature bien vivante.

Vent, quand tu souffles sur les troncs,
Tu donnes à voir une nature bien imposante.

Vent, quand tu souffles sur les racines,
Tu donnes à voir une nature bien résistante.

Vent, quand tu souffles sur mon âme,
Tu me donnes à voir, un désir bien vivant.

Vent, quand tu souffles sur mon cœur,
Tu me donnes à voir, un amour imposant.

Vent, quand tu souffles sur mon être,
Tu me donnes à voir, une présence résistante.

Souffle du vent,
Insaisissable mouvement,
Dont la beauté anime toute chose de la vie.

Inspiration

Inspiration, quand tu es là,
Je ressens la beauté de l'instant.

Inspiration, quand tu me viens,
Je ressens la créativité de mon être.

Inspiration, quand tu t'installes,
Je ressens l'immensité de mon œuvre.

Inspiration, quand tu me tiens,
Je ressens l'intensité de ma joie.

Inspiration, source de beauté.
Inspiration, source de créativité.
Inspiration, source d'immensité.
Inspiration, source d'intensité.

Inspiration, voix du cœur,
Voix du cœur pour entendre,
Entendre la musique,
Que fredonne, notre cœur.

Inspiration, voie du cœur,
Voie du cœur pour voir,
Voir le chemin,
Que nous montre notre cœur.

Inspiration, instant donné à mon être,
Pour œuvrer, œuvrer dans la joie.

Être là

Être là, là où la vie t'amène,
Être là, là où l'instant te guide,
Être là, là où ton pas te mène,
Être là, là où tout est possible.

Possible d'aimer,
Possible d'oser,
Possible d'être.

Être, pour sentir,
Être, pour agir,
Être, pour dire.

Dire, ce qui est,
Dire, qui on est,
Dire, ce qu'on est.

Être, pour dire,
Dire, pour être,
Être, pour exister.

Nature

Nature, quand tu es là,
Silencieuse et pourtant si vivante,
Nature, quand tu m'emprisonnes,
Et m'étreins avec force,
Nature, quand ton silence, ta vie et ton étreinte
Font écho en mon être, en mon être, oh mon être.

Echo résonnant au fond de moi,
Comme un nouvel espace de soi,
Echo résonnant tout au fond de moi,
Comme un possible espace de vie.

Espace qui dévoile, ce qui se donne à voir,
Espace qui révèle, la beauté et la fragilité de mon être.

Être qui susurre la fragilité de la vie,
Être qui murmure son désir d'exister,
Être qui hurle son besoin d'être vrai.

Oh, magnifique nature,
qui a le don de nous faire vivre.

Envie de toi silence

Silence qui m'étreint,
Silence qui m'habite,
Silence qui m'apaise,
Silence qui m'émeut,
Silence qui me parle.

Me parle de nous,
Me parle de moi,
Me parle de toi.

Toi, mon âme,
Toi, mon être,
Toi, mon essence.

Et j'entends, au fond de moi,
Ta douce musique.
Et j'entends, au fond de moi,
Ton doux murmure.

Murmure qui me dit,
Ton amour inconditionnel.
Murmure qui me dit,
Ta confiance inconditionnelle,
Murmure qui me dit,
Ta certitude d'un demain plus vrai.

Je suis feuille

Je suis une feuille,
Feuille d'un arbre,
Arbre donnant vie à une famille.

Je suis une feuille,
Et en tant que feuille,
Je puise ma sève dans un arbre,
Arbre donnant vie à une famille.

Je suis une feuille,
Et en tant que feuille,
Je suis reliée aux autres feuilles,
Par la même sève, celle d'un arbre,
Arbre donnant vie à une famille.

Je suis une feuille,
Feuille de mon arbre,
De mon arbre généalogique.

En tant que feuille,
Feuille de mon arbre,
Je partage les mêmes racines,
Les mêmes saveurs, les mêmes douleurs.

En tant que feuille,
Feuille de mon arbre,
Je marche sur le chemin,
Chemin trouvé par les ancêtres,
Chemin tracé par les anciens.

Je suis une feuille,
Feuille d'un arbre,
Et mon essence est ma famille.

Naître

Naître,
Naître de l'Eternité,
Naître à l'Eternité.
Naître de la Mort,
Naître à la Mort.
Naître de la Vie,
Naître à la Vie.
Naître de l'Homme,
Naître à l'Homme.
Naître de l'Amour,
Naître à l'Amour.

Naître,
Naître de mon être,
Naître à mon Ame,
Naître à Moi,
A mon Amour, Amour toujours,
A ma Tendresse, Tendresse sans cesse,
A mon Pardon, Pardon et Don.

Naître,
Naître et Renaître,
Chaque jour à mon Être.

Je suis moi

Je suis moi, tu es toi.
J'ai le droit d'être moi,
Et d'exprimer mon moi.

J'ai le droit de voir,
Ce que tu ne vois pas,
D'entendre ce que tu n'entends pas,
De ressentir,
Ce que tu ne ressens pas.

J'ai le droit d'être,
Ce que tu n'es pas,
Car je suis moi et tu es toi.

Pourquoi nier nos différences,
Pourquoi cacher notre existence,
Pourquoi pâlir notre expérience,
Pourquoi vouloir être toi,
Car je suis moi et tu es toi.

Osons accepter nos différences,
Osons montrer notre existence,
Osons partager notre expérience,
Osons Être, Être lumière,
Lumière pour soi, lumière pour l'autre.

Je suis moi, tu es toi,
Et cette vie qui coule en nous,
Parle, de son désir d'exister.

Me trouver

Me trouver dans ce monde,
Où tout bouge et me bouge.

Me trouver dans ce monde,
Où tout change et me change.

Me trouver dans ce monde,
Où tout questionne et me questionne.

Me trouver dans ce monde,
Où tout abîme et m'abîme.

Me retrouver dans mon monde,
Où tout est vrai, quand tout est moi.

Me retrouver dans mon monde,
Où tout est simple quand tout est moi.

Mon retrouver dans mon monde,
Où tout est juste, quand tout est moi.

Me retrouver dans mon monde,
Où tout est beau, quand tout est moi.

Trouver et retrouver au plus profond de moi,
Ce qui est, mon essentiellement moi.

Pourquoi se battre

Pourquoi se battre,
Pour être au monde.
Pourquoi se battre,
Pour exister.
Pourquoi se battre,
Pour continuer.
Pourquoi se battre,
Pour avancer.
Pourquoi se battre,
Pour vivre la vie.

Pourquoi me battre,
Pour vivre ma vie.
Pourquoi me battre,
En combattant.
Pourquoi me battre,
En me torturant.
Pourquoi me battre,
En faisant semblant.
Pourquoi me battre,
En me taisant.

Pourquoi se battre,
Avec soi-même,
Pourquoi se battre,
Pour être soi-même.
Sois et vis tout simplement,
Sois et vis paisiblement.

Mon corps, temple d'émotions

Mon corps est temple d'émotions,
Emotions qui se créées et qui se vivent,
Emotions qui se disent et qui se cachent,
Emotions qui s'en vont et qui reviennent.

Emotion, quand tu arrives,
Tu me parles de mon ressenti.

Emotion quand tu t'invites,
Tu me parles de mes croyances.

Emotion, quand tu me troubles,
Tu me parles de réconciliation.

Emotion, quand tu t'exprimes,
Tu me parles de mes besoins.

Emotion, quand tu es là,
Tu m'appelles à la bienveillance,
A la tendresse et au respect,
De mon bien le plus précieux ; mon être.

Mon cri

Mon cri, lorsque tu m'étreins,
Tu me dis ta rage de l'évidence humaine.
Mon cri, lorsque tu me tiens,
Tu me dis, ta colère de l'existence humaine.
Mon cri, lorsque tu me prends,
Tu me dis, ton espoir d'un lendemain possible.
Mon cri, lorsque tu me surprends,
Tu me dis que tout reste encore possible.

Mon cri, lorsque tu es là,
Tu me parles de moi,
De ma rage, de ma colère, de mon espoir d'un
lendemain meilleur,
Où tout devient possible à renaître et possible à être.

Alors, oui, mon cœur t'entend
Et de lui monte, comme un murmure qui me souffle
l'instant présent,
Instant présent où tout se joue,
Instant fragile où tout se perd,
Instant magique où tout est unique.

Mon cri est cri,
Il est murmure,
Il est souffle,
Il est vie.

Peur, quand tu me tiens

Peur de dire et de ne pas dire,
Peur de faire et de ne pas faire,
Peur de donner et de ne pas donner,
Peur de me dévoiler, m'exposer, me montrer.

Peur d'être et d'entendre,
Ce qui n'est pas, ce qui devrait, ce qu'il faudrait.

Peur quand je te tiens,
Monte de moi, cet hymne à la liberté…
J'ai le droit de vivre,
J'ai le droit d'exister.
J'ai le devoir d'être, telle que je suis.
J'ai le devoir d'exprimer ce que je suis.
J'ai le devoir de dire qui je suis.

Un bruit

Un bruit, et si c'était,
La nature qui m'appelait à m'arrêter.

Un bruit, et si c'était,
L'univers qui me réclamait mon attention.

Un bruit, et si c'était,
La terre qui me demandait de la protéger.

Un bruit, et si c'était,
Mon âme qui me demandait de la regarder.

Un bruit, et si c'était,
Mon cœur qui me demandait de l'écouter.

Un bruit, et si c'était,
La porte du silence,
Qui s'ouvrait et m'incitait à faire silence,
Silence en moi, silence autour de moi.

Silence ; un espace-temps,
Pour être avec moi,
Me retrouver, m'accueillir et m'aimer.

Oses

Ose,
Te lever et marcher.

Ose,
Marcher et avancer.

Ose,
avancer et découvrir.

Ose,
Découvrir et dire.

Ose,
Dire et voir.

Ose,
Voir et ressentir.

Ose,
Ressentir et agir.

Ose,
Agir pour être.

Ose,
Etre et être vrai.

Sois

Sois, là où tu es,
Sois, comme tu es,
Sois, là où tu en es,
Mais sois.

Sois, lumière où tu es,
Sois, lumière comme tu es,
Sois, lumière où tu en es,
Mais sois.

Sois, éveil où tu es,
Sois, éveil comme tu es,
Sois, éveil là où tu en es,
Mais sois.

Sois, exemple où tu es,
Sois, exemple comme tu es,
Sois, exemple là où tu en es,
Mais sois.

Sois toi, où tu es,
Sois toi, comme tu es,
Sois toi, là où tu en es,
Mais sois toi, essentiellement toi.

La voix du cœur

Entendre, entendre la voix du cœur,
Qui dans un souffle,
Nous dit, nous dit le besoin.

Ecouter, écouter la voix du cœur,
Qui dans un murmure,
Nous parle, nous parle de nous.

Suivre, suivre la voix du cœur,
Qui dans un écho,
Nous montre, nous montre le chemin.

Entendre, écouter, suivre,
La voix de mon cœur,
Elle est souffle et écho,
Elle est tendresse et amour,
Elle est justesse et vérité.

Entendre, écouter, suivre,
La voix de mon cœur,
Elle me montre la route,
Route choisie par mon âme,
Pour être et pour exister.

Laisse- moi, laisse -toi

Laisse-moi,
Laisse-moi dire,
Laisse-moi agir
Laisse-moi être.

Laisse-moi,
Laisse-moi penser,
Laisse-moi oser,
Laisse-moi être.

Laisse-moi,
Laisse-moi taire,
Laisse-moi faire,
Laisse-moi être.

Laisse mon être,
Exprimer qui il est.

Laisse mon être,
Exister comme il est.

Laisse-toi,
Laisse-toi me découvrir,
Comme je suis.
Laisse-toi m'accepter,
Comme je suis.

Laisse-toi, laisse-toi,
Exister comme tu es.

Regard de l'autre

Regard de toi, quand tu te poses,
Tu me parles de moi, tu me parles de toi.

Regard de toi, quand tu t'arrêtes,
Tu m'interroges sur qui je suis.

Regard de toi, quand tu me sondes,
Tu m'interpelles sur comment je suis.

Regard de toi, quand tu me juges,
Tu me touches au plus profond de moi.

Regarde-toi et parle-toi
Regarde-toi et interroge-toi
Regarde-toi et interpelle-toi
Regarde-toi et rencontre-toi.

Que te dit de toi,
Ce regard que tu poses sur moi.

Que te dit de toi,
Ce jugement que tu émets sur moi.

Il te dit qui tu es.
Il te dit comment tu es.
Il te dit combien tu te juges.

Sois et laisse- moi être.

Ne pas se fuir

Ne pas se fuir
Fuir ce qui est là.
Fuir ce qui se vit.
Fuir ce qui s'entend.
Fuir ce qui se sent.
Fuir ce qui fait mal.

Ne pas se fuir,
Mais accepter,
Ce qui est là, ce qui se vit,
Ce qui s'entend, ce qui se sent,
Ce qui fait mal.

Ne pas se fuir,
Mais regarder,
Ce qui est là, ce qui se vit,
Ce qui s'entend, ce qui se sent,
Ce qui fait mal.

Ne pas se fuir,
Mais questionner,
Ce qui est là, ce qui se vit,
Ce qui s'entend, ce qui se sent,
Ce qui fait mal.

Ne pas me fuir,
Mais entendre, entendre enfin,
Que je suis lasse,
Lasse de vivre et de survivre,
Lasse de faire et de défaire,
Lasse d'être et de paraître.

Ne pas me fuir, mais entendre,
Entendre enfin la vie,
Cette vie qui coule en moi,
La vie qui s'écoule en moi.

Elle me dit, vois cette vie,
Elle me dit, vis cette vie.
Cette vie qui est en toi,
Elle est pour toi, et pour toi seule.

Vis-la pour toi,
Et pour toi seule.
Aime-la pour toi,
Et pour toi seule.

Relève- toi

Relève-toi et sens, le sens du vent,
Il est le cap à donner à ta vie.

Relève-toi et goûte, le goût de l'instant,
Il est la saveur à donner à ta vie.

Relève-toi et touche, le relief du présent,
Il est le relief à donner à ta vie.

Relève-toi et entends, le son de la vie,
Il est la musique à donner à ta vie.

Relève-toi et regarde, le trajet devant toi,
Il est le chemin à emprunter pour ta vie.

Relève-toi et avance,
Sur le chemin de ta vie,
Il est la plus belle expérience,
Qu'il t'est donné de vivre.

Relève-toi et avance,
Avance encore et encore,
Au bout du chemin,
Tu trouveras ton essence.

Liberté

Liberté, que tu es belle,
Quand tu t'exprimes.

Que tu es vraie,
Quand tu te donnes.

Que tu es force,
Quand je te vois.

Que tu es douce,
Quand je te vis.

Que tu es évidence,
Quand je t'accepte.

Liberté, Liberté, Liberté,
Mon âme t'appelle
Mon cœur te cherche,
Mon être t'accueille.
Et de toi monte cette musique,
Qui m'invite,
A danser, à danser la vie,
A goûter, à goûter la liberté.

Tout est là

Tout est là pour nous dire,
Nous révéler le sens de la vie.

Tout est là pour nous montrer,
Nous guider vers le chemin,
Le chemin qui fait sens dans notre vie.

Tout est là pour nous interpeller,
Nous questionner sur le sens,
Le sens que nous donnons à notre vie.

La vie est vie,
Elle est transformation, elle est évolution.

La vie est pas,
Elle est réalisation, elle est trace.

La vie se vit,
Elle s'exprime puis se meurt.

Osons marcher,
Osons expérimenter,
Osons être et laisser traces de notre passage,
Car tout est là pour nous rappeler le sens de notre vie.

La vie

La vie est de toute splendeur,
Lorsque tu sais regarder, ce qui s'offre à regarder.

La vie est de toute rondeur,
Lorsque tu sais toucher, ce qui s'offre à toucher.

La vie est de toute saveur,
Lorsque tu sais goûter, ce qui s'offre à goûter.

La vie est de toute senteur,
Lorsque tu sais humer, ce qui s'offre à humer.

La vie est de toute douceur,
Lorsque tu sais écouter, ce qui s'offre à écouter.

Alors, regarde, touche, goûte, hume, écoute la vie,
La vie autour de toi,
La vie en toi.

Et si on dansait

Et si on dansait,
Dansait la gratitude,
Dansait pour la gratitude.

Et si on dansait,
Dansait la vie,
Dansait pour la vie.

Et si on dansait,
Dansait l'amour,
Dansait pour l'amour.

Et si on dansait,
Dansait la liberté,
Dansait pour la liberté.

Et si on dansait,
Dansait l'être,
Dansait pour l'être.

L'Etre que nous sommes
L'Etre que tu es,
L'Etre que je suis.

Être authentique,
Être magnifique,
Être unique.

Être pour danser et danser pour être.

Au plus profond de moi

Au plus profond de moi,
Est une ancre,
Qui m'ouvre à la stabilité.

Au plus profond de moi,
Est un espace,
Qui m'ouvre aux désirs de mon âme.

Au plus profond de moi,
Est une vérité,
Qui m'ouvre à ma vérité.

Au plus profond de moi,
Est un écho,
Qui m'ouvre au chemin,
Chemin à prendre,
Chemin qui prend, et qui surprend.

Au plus profond de moi,
S'éveille une vie, s'éveille ma vie,
Celle qui sommeillait,
Et qui désormais se vit.

Ressentir la vie

Ressentir la vie en moi,
Ce souffle qui me souffle,
Que je suis vivante.

Ressentir la vie en moi,
Ce murmure qui me murmure,
Que je suis vivante.

Ressentir la vie en moi,
Cette énergie qui m'appelle,
A me lever et à avancer,
A me relever et à oser.

Ressentir cette vie en moi,
Voix de mon âme,
Voie de mon cœur.

Ressentir cette vie en moi,
Vie qui m'invite ; m'invite à la danse,
Danse de mon âme,
Danse de mon être.

Danse pour la vie,
Qui vit en moi.

Le jour qui naît

Le jour qui naît, naît à la vie,
Le jour qui naît, naît au possible.

Le jour qui naît, naît à l'amour.
Le jour qui naît, naît au bonheur.

Le jour qui naît, voit naitre la vie,
La vie en soi, la vie en tout.

Le jour qui naît, voit naître l'amour,
L'amour en soi, l'amour en tout.

Vie qui se donne et qui s'exprime,
Vie qui est là et qui se vit.

Amour qui vit à travers nous,
Amour toujours et jusqu'au bout.

Le jour qui naît, est toujours là,
Comme pour nous dire, que tout renaît.

Joie de vivre

Joie de vivre,
Et de renaître,
Au jour naissant.

Jour où tout se rejoue,
Jour après jour,
Instant après instant.

Jour où tout est éclosion,
Tout est explosion,
Tout est miracle.

Miracle de la nature,
Miracle de l'amour,
Miracle de la vie.

Vie qui fait sens,
Vie qui donne sens,
Vie du possible à l'infini.

Tout bouge

Tout bouge,
Tout bouge en moi,
Dans un aller et un retour,
Dans un avant et un arrière,
Dans un élan et un changement.

Tout bouge en moi,
Dans ce mouvement, qu'est la respiration,
Dans ce mouvement, qu'est la circulation,
Dans ce mouvement, qu'est la sensation,
Dans ce mouvement, qu'est l'action.

Tout bouge en moi,
Dans ce passé et ce présent,
Dans ce présent et ce futur,
Dans cet instant qui est présent.

Tout bouge en moi,
Comme pour me dire,
Que je suis vie,
Vie du passé et du présent,
Vie du présent et du futur.

Vie, source d'amour,
Vie, source de paix,
Vie, source de vie.

Aube et crépuscule

Aube et crépuscule,
Jour et nuit,
Soleil et lune,
Naissance et mort.

Tout est mouvement,
Tout est changement,
Tout est instant.

Instant qui donne à vivre,
Instant qui se donne à vivre,
Dans le présent du moment,
Dans l'éphémère de l'instant.

Tout est commencement,
Tout est recommencement,
Tout est instant,
Tout est possible.

Tout se donne par amour,
Tout se vit dans l'amour,
Amour de soi, Amour de l'autre,
Amour pour soi, Amour pour l'autre.

Fragilité de la vie

La vie est jour et nuit,
La vie est soleil et pluie,
La vie est lumière et ombre,
La vie est changements.

La vie est tristesse et pleurs,
La vie est joie et rires,
La vie est colère et cris,
La vie est émotions.

La vie est sentiers et chemins,
La vie est chemins et carrefours,
La vie est carrefours et routes,
La vie est passage.

La vie est vie et espoir,
La vie est passé et présent,
La vie est présent et futur,
La vie est fragile.

Traces

Une vie passe et s'éteint,
Une vie passe et s'estompe,
Une vie passe et s'oublie.

Sur le chemin de ma vie,
Désormais, des pas.
Des pas, comme des repères,
Des repères, comme des traces.
Des traces, comme des marques.

Des marques,
Comme des gestes posés,
Comme des mots exprimés,
Comme des sourires donnés.

Des marques,
Traces de mon passage sur terre.
Semence pour ceux qui restent,
Semence pour ceux qui viennent.

Prendre soin de moi

Prendre soin de moi passe par,
M'arrêter, me poser, me câliner, me donner.

Prendre soin de moi passe par,
Me dorloter, me gâter, me chouchouter, me douciner.

Prendre soin de moi passe par,
Me regarder, m'accueillir, m'accepter, me trouver.

Prendre soin de moi passe par,
Me causer, m'écouter, me savourer, me respecter.

Prendre soin de moi passe par,
Me rêver et me réaliser.

Me rêver fort, me rêver grand,
Me rêver pour me réinventer,
Et me réaliser,
Dans la pleine expression de mon Essentiellement Soi.

Pardon et Merci

Oh toi que je ne connais pas,
Oh toi que je ne reconnais pas,
Oh toi d'ici et de l'au-delà…

Toi mon essence,
Toi mon évidence,
Toi mon enfance.

Toi que j'ai oublié,
Toi que j'ai exilé,
Toi que j'ai humilié.

Pardon…
Pardon, d'avoir pris si peu de temps,
Pardon, d'être si peu souvent avec toi,
Pour te chérir, t'aimer, te respecter.

Merci…
Merci d'avoir pris tout ce temps,
Merci, d'être si souvent avec moi,
Pour m'inciter à me chérir, m'aimer, me respecter.

Tu es moi, je suis toi.

Je veux désormais être, cet être,
Ce que nous sommes toi et moi.

Être Soi M'Aime

Être Soi M'Aime,
Pour être soi-même.

Être soi-même,
Dans son dire.
Être soi-même,
Dans son faire.
Être soi-même,
Dans son regard.
Être soi-même,
Dans son toucher.
Être soi-même,
Dans son écoute.

Être Soi M'Aime,
Pour se dire.
Être Soi M'Aime,
Pour s'entendre.
Être Soi M'Aime,
Pour se regarder.
Être Soi M'Aime,
Pour se toucher.
Être Soi M'Aime
Pour s'écouter.

Être Soi M'Aime,
Pour voir ce qui est bonté en Moi,
Pour voir ce qui est authenticité en Moi,
Pour voir ce qui est beauté en Moi.

Être Soi M'Aime,
Pour être soi-même.
Être soi-même,
Pour être Soi M'Aime.

Une autre façon d'aimer

Aimer par le dire,
Aimer par le rire,
Et aimer encore.

Aimer par la présence,
Aimer par l'assistance,
Et aimer encore.

Aimer par l'écoute,
Aimer par le doute
Et aimer encore.

Aimer par le geste,
Aimer par le test
Et aimer encore.

Aimer par le regard,
Aimer par l'égard,
Et aimer encore.

Aimer pour aimer,
Rien que pour aimer,
Et aimer encore,
Et aimer toujours.

Au fil des mots

Table des matières